Sybil Gräfin Schönfeldt
Kochbuch für meine liebste Freundin

Zu diesem Buch

Meine liebste Freundin hieß Marianne. Alle nannten sie Janne ..., so beginnt Sybil Gräfin Schönfeldts neues Kochbuch. Darin erzählt sie von Janne, die nebenan wohnt und sie jeden Morgen zur Schule abholt. Von Janne, die eines Tages mit ihrer Familie emigrieren muss und später als Journalistin in London lebt. Von Janne, die so gar nichts mit Kochen am Hut hat. Als das die Autorin bei einem Besuch feststellt, schickt sie fortan der lieben Single-Freundin und ihren Gästen die schönsten Rezepte und versucht, mit ihren Briefen die Lust an dieser erfüllenden Tätigkeit zu wecken. Es sind die liebevoll erinnerten Geschichten einer gemeinsamen Kindheit in der Universitätsstadt Göttingen der dreißiger Jahre, die den besonderen Reiz dieses Kochbuchs ausmachen.

Sybil Gräfin Schönfeldt

Kochbuch für meine liebste Freundin

PIPER

Mehr über unsere Autorinnen, Autoren und Bücher:
www.piper.de

Von Sybil Gräfin Schönfeldt liegen im Piper Verlag vor:
Kochbuch für die kleine alte Frau
Kochbuch für meine liebste Freundin

Unser Versprechen für mehr Nachhaltigkeit
• Klimaneutrales Produkt
• FSC®-zertifiziertes Papier
• Hergestellt in Europa

FSC www.fsc.org
MIX
Papier | Fördert gute Waldnutzung
FSC® C083411

Ungekürzte Taschenbuchausgabe
ISBN 978-3-492-31476-3
Oktober 2022

Zeichnungen: Jutta Bauer
Umschlaggestaltung: zero-media.net, München
Gesetzt aus der Adobe Caslon Pro
Litho: Lorenz & Zeller, Inning am Ammersee
Druck und Bindung: CPI books GmbH, Leck
Printed in the EU

Inhalt

Kochbuch für meine liebste Freundin

Was ist eine liebste Freundin?

Mir scheint, sie ist einer der besten Zufälle der Kindheit. Ein Nachbarskind. Eine, die in der Schule neben einem sitzt. Man hat denselben Schulweg, liest die gleichen Bücher und denkt sich ähnliche Spiele aus. Man ist gern zusammen, auch still und schweigend. Man hat einander nicht gewählt, weiß gar nicht, dass man hätte wählen können. Sie ist einfach da. Man kennt einander bis ins Herz des Herzens hinein und weiß, dass man ihr vertrauen kann, dass die andere einen nie verraten würde.

Meine liebste Freundin hieß Marianne. Alle nannten sie Janne. Nach Göttingen kam ich ungefähr zur selben Zeit wie Janne. Sie, weil der Vater, ein berühmter Jurist, dem Ruf der Göttinger Universität folgte. Ich, weil meine Großmutter der Ansicht war, in Göttingen gäbe es bessere Schulen als in Nassau und ich würde leichter eine Freundin finden. Es gab also eine Zeit vor Janne: meine ersten fünf Jahre bei der Großtante. So beginnt meine Geschichte in Nassau.

Zwei Freundinnen und eine Puppe

Meine erste Freundin war eine Puppe. Sie hieß Mita, weil sie ein Geschenk meiner Patentante Mita war, und sie war schöner als alle anderen Puppen, die ich kannte. Meine Mita hatte einen glatten, weichen Körper aus weißem Leder, nicht mit Stroh gestopft, wie man es bei den anderen Puppen immer tasten und vor allem hören konnte, wenn ihr Bauch knirschte. Der Bauch meiner Puppe Mita war stumm und vornehm. In ihren Armen und Beinen steckte sicher die schneeweiße Wolle von Lämmern, aber die Hände mit ihren zierlichen Fingern waren aus Porzellan, und die Füße steckten in Porzellanstiefeletten, wie man sie um 1880 oder 1900 auch den Kindern anzog.

1880? 1900? Ja, Puppe Mita stammte aus der Kinderzeit meiner Patentante Mita. Sie hatte den liebreizendsten Porzellankopf mit Grübchen, großen Kulleraugen und echtem Haar. Und sie trug ein Kleid aus steifer Taftseide mit einem langen, weiten Rock, der bei jeder Bewegung knisterte. Ich liebte die Puppe Mita, aber ich spielte nicht mit ihr. Ich setzte sie auf die Treppenstufe und schaute sie an. Sie saß schweigend in ihrem starren Taft und lächelte ihr starres Puppenlächeln, aber ich wusste, dass sie alles hörte und alles verstand. Sie lachte mich nicht aus, und wenn ich bei ihr weinte, fragte sie mich nicht, warum, oder sagte, ich solle nicht so ein Theater machen. Aber vor allem: Wir hatten ein Geheimnis. Meine Mutter war die liebste Freundin von Tante Mita gewesen. Sie wohnten als Kinder nebeneinander, sie gingen in dieselbe Schule, sie luden sich später gegenseitig zur Hochzeit ein. Doch meine Mutter starb ein Jahr danach bei meiner Geburt. Ich habe sie nicht gekannt, und wenn ich später die Erwachsenen fragte: »Wie war sie?«, sagten sie immer nur: »Sie war so lieb. Sie war so brav. Sie war so schön.«

Aber wie war sie wirklich?

Die Puppe Mita wusste es, denn meine Mutter hatte mit ihr gespielt. Und da saß sie nun in ihrer ganzen Mita-Pracht, starrte mich mit ihrem Porzellanlächeln an und knisterte mit ihrem Taftkleid, und ich starrte zurück. Sie schwieg, aber ich sah den Garten, Rasen, Rabatten und Rosensträucher, einen Teetisch im Baumschatten. Die Puppe Mita saß auf einem Kinderstuhl und trug ein weißes

Matrosenkleid, und auch Tante Mita und meine Mutter trugen weiße Matrosenkleider und lange schwarze Strümpfe dazu und Stiefeletten.

Einmal kam ein Onkel oder Vetter mit einem Fotoapparat zu Besuch, und die beiden kleinen Mädchen mussten sich vor die Hecke stellen, die Puppe Mita in der Mitte, und alle drei sahen so gleich aus, dass man genau hinschauen musste, um die Puppe Mita zu erkennen.

Aber wie war meine Mutter? Als ich wirklich alles wissen wollte, war ich erwachsen, meine Patentante Mita längst tot und die Puppe Mita in einem der Bombenhagel im Zweiten Weltkrieg verbrannt. Kurz nach Kriegsende traf ich auf einer Gesellschaft in Hamburg einen älteren Mann, der, wie vom Donner gerührt, vor mir stehen blieb und den Namen meiner Mutter ausstieß: »Carmen! Mein Gott, wo kommst du her?«

»Carmen war meine Mutter«, antwortete ich erschrocken.

»Aber Sie sind ihr wie aus dem Gesicht geschnitten!«, sagte er und nahm meine Hand und drehte mich einmal um mich selbst. »Und sie hatte einen dicken Zopf, und den hat sie sich abgeschnitten. Ihrer Puppe auch.«

»Das war die Puppe Mita«, sagte ich, »und wer sind Sie?«
Er war ein Nachbarsjunge. Die Eltern waren so befreundet wie Carmen und Mita, die beiden Puppenmütter. »… und ich habe mich in sie verliebt, aber ich war für sie noch ein Kind, und sie verliebte sich in einen anderen, aber daraus wurde nichts, und dann verliebte sie sich doch in mich, aber ich …«
»… war in Mita verliebt!«
»Woher wissen Sie das?«, fragte er überrascht, und wir lachten und redeten und redeten, bis sich die Gesellschaft aufgelöst hatte, redeten weiter auf dem Heimweg, und ich erfuhr in dieser Nacht so viel über meine Mutter, dass es mich bis heute erfüllt. Zum Schluss sagte er: »Weißt du, dass ich immer an die Puppe Mita denken muss, wenn es Grießbrei gibt? Deine Mutter und Mita haben ihr Grießbrei gekocht. In einem Töpfchen aus der Puppenküche. Und als deine Patentante Mita heiratete, schenkte deine Mutter ihr das Rezept vom *Grießbrei*, wie sie ihn zubereitete.«
»Das weißt du noch?«
»Ja, ich hab es aufgeschrieben. Ich bin kein Koch geworden, aber ich lese es manchmal, und dann

sehe ich sie und Mita vor mir und bin fast so glücklich, wie wir es damals waren.«
Ein Rezept also für die liebste Puppe, ein Rezept für die liebste Freundin meiner Mutter. Wer weiß, wie oft ihr die beiden kleinen Mädchen Grießbrei gekocht haben. Vielleicht hat die Köchin sie irgendwann an den richtigen Herd gelassen und ihnen gezeigt, wie die Milch nicht überkocht und der Brei nicht anbrennt. Nichts davon ist mehr vorhanden, nur der Nachbarsjunge und das Rezept vom Grießbrei, aber das hat mir mehr von meiner Mutter erzählt, als man von einem Grießbrei erwarten würde.

Grießbrei für die Puppe Mita

Ihn zu kochen ist ein Kinderspiel. Man darf nur nicht den feinen Grieß nehmen, sondern den herzhaften, sogenannten groben. Man erhitzt ½ l Milch mit 2 EL Zucker bis kurz vorm Kochen, lässt 5 EL Grieß hineinrieseln und rührt auf schwacher Hitze so lange, bis der Grieß gequollen und sämig dick ist. Zu fest geraten? Dann noch einen Schwupp Milch dazu.

Janne, die Erdbeeren und die Zwiebel

Dann kam Janne. Wir kannten uns seit diesem Tag im ersten Schuljahr, als unsere Lehrerin sie uns als neue Klassenkameradin vorstellte und sie fragte, neben wem sie sitzen wolle.
Da deutete Janne mit ihrem rosigen Zeigefinger auf mich und sagte: »Neben der da!«
So blieb es. Sie wohnte nur ein Haus von dem entfernt, in dem ich bei meinen Großeltern lebte. Wir liefen zusammen in die Schule, wir liefen zusammen heim, sie zu ihrem Mittagessen, ich zu meinem. Danach Schularbeiten und danach: zusammen spielen. Sie war größer als ich, viel klüger, und sie hatte blonde Haare und einen Zopf. Wir waren die ältesten Kinder in unserer Straße, und wir versuchten immer, die kleineren zu belehren. Wir hatten unsere Geheimnisse. Wir dachten uns eine eigene Sprache und eine eigene Schrift aus. Wir aßen die Stachelbeeren und die Himbeeren vom Busch und die Kirschen vom Baum. Wir wussten, dass der Osterhase unter einem Reisighaufen am Ende unserer Straße wohnte. Wir

sahen ihn oft, wie er über die Äcker gleich hinter unseren Gärten davonhoppelte, und dann war eines Tages alles vorbei.

Janne wusste, dass sie irgendwann mit ihrer Familie Deutschland verlassen musste. Ihr Vater war Jude, ihre Mutter die Zwillingsschwester von Dietrich Bonhoeffer, dem Widerstandskämpfer. Wir hatten Jannes Eltern mit Onkel Dietrich oft zusammensitzen und reden gesehen. Janne wusste, was das bedeutete. Ich wusste es nicht. Auf mein Glück fiel kein Schatten. Aber an dem Tag, an dem Janne mit ihrer Familie das Haus und das Land verließ, wurde ich schwer krank, und als ich wieder laufen konnte, waren sie verschwunden. Warum? Wohin? Für wie lange?

Ach, das wisse man nicht, und »Sieh mal, da sind doch so viele andere nette Mädchen in deiner Klasse«. Ich wollte nicht zu den netten Mädchen. Ich wollte nichts lernen, nicht ohne Janne. Ich wurde schlecht in der Schule, und alle sagten: »Stell dich nicht so an!«

Wenig später brach der Zweite Weltkrieg aus, und alles wurde anders. Ich kam im November 1944 mitten aus den Vorbereitungen zum Abitur in den Reichsarbeitsdienst in Oberschlesien und kehrte erst im Herbst 1945 wieder zurück nach Göttingen. Janne war mit ihrer Familie 1938 über die Schweiz in England gelandet. Sie kehrte mit ihrer Familie früh nach dem Krieg nach Deutschland zurück, wenn auch nur vorübergehend. Ihr Vater lehrte wieder an seiner alten Universität und wurde als einer der ersten Richter an das Bundesverfassungsgericht berufen. Ihr Onkel Dietrich Bonhoeffer war noch kurz vor Kriegsende hingerichtet worden. Wir fragten und fragten einander und redeten, als ob wir uns gestern getrennt hätten. Ich studierte in Göttingen, Hamburg und Wien. Sie in Oxford. Ich zog nach Hamburg, sie nach London. Wir wurden beide Journalistinnen. Ich heiratete, sie nicht.

In den frühen 1960er Jahren besuchten mein Mann und ich Janne in London, wo sie inzwischen als freie Journalistin arbeitete. Sie wohnte damals in einem *bedsitter*, einem karg möblierten Zimmer. Es gab immerhin als Komfort eine Küche auf halber Treppe.
Sie hatte uns zum Mittagessen eingeladen und schüttete einfach den Inhalt von zwei Dosen in einen Kochtopf, Maiskörner und Erbsen, und während das Gemüse in seinem Dosensaft vor sich

hin kochte, wärmte sie eine Portion Fritten im Ofen ihres fauchenden Herdes.

Das Gemüse kam, abgegossen, in einer KPM-Schüssel mit Blumendekor auf den Tisch, die Fritten gleich auf die Teller, die weder zueinander noch zur Gemüseschüssel passten. Nachkriegsgeschirr, Emigrantengeschirr aus Vorkriegs- und Trümmerjahren.

Mein Mann und ich aßen wie brave Kinder unsere Teller leer, aber dann fragte ich doch: »Kochst du immer so?«

»Ja, wieso?«

»Schmeckt es dir?«

»Ach, das spielt doch keine Rolle. Ich trinke jeden Morgen ein Glas Orangensaft, das ist gesund. Mittags muss ich doch nur irgendwie satt werden. Außerdem gibt es an jeder Ecke ein Café.«

»Ich glaube, ich lasse euch lieber allein!«, meinte mein Mann.

»Nein, nein. Du schreibst auf, was ich morgen mitbringen muss …«

»Ach, das lass mal lieber!«, protestierte meine liebste Freundin. »Das lohnt sich nicht für mich allein. Und ich will keine Zeit für etwas verschwenden, was dann eh in zehn Minuten aufgegessen ist.

Und außerdem: Ich hab doch Erbsen und Mais in der Speisekammer.«

»Aber vielleicht etwas Reis? Ein Rest von gestern oder so?«

Sie nickte unwillig.

»Und Zwiebeln?«

Sie schüttelte den Kopf.

»Butter?«

»Natürlich.«

»Pfeffer? Oder magst du lieber Currypulver?«

Und so schenkte ich meiner liebsten Freundin zum ersten Mal ein Rezept. Wir wussten nicht, dass es das erste einer langen Reihe sein würde, nach Bedarf zusammengestellt, ohne Systematik, aber immer so, dass Janne es mit ihren eingeschränkten Mitteln und auch trotz ihrer nach wie vor prinzipiellen Unlust zu kochen zubereiten konnte. Wir nannten den Gemüsereis, weil er ein Grundrezept ist:

Reis à la Janne

Und so haben wir ihn gekocht: Janne stellte die große schwarze Pfanne auf den Herd und ließ ein gutes Stück Butter zerschmelzen. Ich pellte und würfelte drei Zwiebeln und schüttete sie in die Pfanne. Wir rührten

abwechselnd, gaben Pfeffer, Salz und eine Prise Oregano oder ein anderes Kraut oder Gewürz dazu und rührten, bis die Zwiebeln blond waren. Und auch Jannes gewohnte Erbsen und Maiskörner wurden nicht vergessen und, wie sie es immer machte, in einem Topf erhitzt. Ich löffelte unterdessen den gekochten Reis, etwa zwei Tassen, in die Pfanne und schwenkte ihn in Butter und Zwiebeln. Schließlich wälzten sich Erbsen und Mais, je eine Tasse, in dem duftenden Gemisch. Auf unserem Weg waren mein Mann und ich bei einem Schlachter vorbeigekommen, der gerade noch brutzelnde Buletten ins Schaufenster stellte. Genau die richtige Ergänzung für den Reis à la Janne.

»Hat es dir geschmeckt?«, fragte mein Mann.

»Aber ja! Ich frag mich nur, wenn ich nun mal ohne Mais und Erbsen kochen will, was nehme ich dann? Tomaten? Wie viele? Oder Mohrrüben? Gewürfelt?«

»Vor allem schon gekochte. Das ist eine Grundregel: Wenn du Zutaten mischst, kommen die mit der längsten Garzeit zuerst in den Topf oder die Pfanne.«

»Logisch. Dann würfle ich also eine Paprikaschote und gare sie vor den Tomaten, weil sie fester ist als die Tomate und deshalb eine längere Garzeit braucht.«

»Perfekt. Und der Rest ist Chemie und Physik. Aber noch etwas zur Zwiebel: Sie ist etwas so Bescheidenes, Alltägliches, Anspruchsloses und wird nie groß erwähnt. Aber stell dir vor, wenn es sie nicht gäbe. Denk an die Erbsen und Maiskörner, was hat die Zwiebel uns heute aus ihnen gemacht. Ich habe oft in den mageren Nachkriegsjahren in Wien *Nockerln* aus Mehl, Salz und Wasser zubereitet. Sie schmeckten nach nichts, aber als ich sie in die gedünstete Zwiebel geschüttet habe, vielleicht mit etwas fein gewiegter Petersilie – schon war die Mahlzeit gerettet.

Oder denk an die indische Zwiebel: Sie wird in Butter mit je einem Esslöffel Curry, Zimt und Kardamom zehn Minuten auf schwacher Hitze gerührt, gerührt und noch mal gerührt, und du brauchst nur eine Portion gekochten Reis und vielleicht etwas Hühnerfleisch oder Fisch dazuzugeben, dann hast du eine Mischung wie aus *Tausendundeiner Nacht*. Du siehst: Mit einer schlichten Zwiebel und jeweils einem anderen Gewürz kannst du fast jedes Gemüse verzaubern.«

Am Ende unseres Besuchs fragte sie: »Wieso

kannst du so gut kochen und kennst dich so gut aus?«

»Ich weiß es nicht. Ich koche einfach gern. Und ich kann dabei so gut nachdenken. Außerdem ist es ja inzwischen mein Beruf, über Kulinarisches zu schreiben. Und wir haben oft Gäste …«

»Die hab ich auch«, erwiderte sie, »aber bei mir gibt es Salzstangen und Gin Tonic.«

»Ach, Jannchen«, sagte ich, »es gibt so gute Gerichte, die kaum Arbeit machen und die fertig im Topf auf die Gäste warten. Ich schick dir welche!«

Reis, Reis und noch einmal Reis

Zurück in Hamburg, überlegte ich, welches meine schönsten Rezepte sind, die zugleich am leichtesten zuzubereiten sind, und ich dachte daran, wie wir in Jannes Küche zusammen den Gemüsereis gekocht hatten.

Die Küche lag eine halbe Treppe tiefer, ohne Tageslicht. Ein Gasherd, ein Regal an der Wand, ein Vorratsschrank, ein Tisch mit einer Wachstuchdecke. Es war in etwa die klassische Küche einer Mietwohnung. Ich hatte mich nachdenklich umgeschaut, und Janne hatte gemeint, sie wolle sich endlich einen dieser automatischen Reistöpfe kaufen.

»Den brauchst du am allerwenigsten, Janne. Jeder kann Reis kochen. Denk an meine Großmutter!«

Janne hatte mich fragend angeschaut.

»Bei ihr musste ja immer alles schnell und einfach gehen. Kein Getüdel. Und wehe, wenn sich etwas in der Pfanne wehrte und nicht so wurde, wie sie wollte. Sie hat die Reiskörner einfach ins kochende Wasser geschüttet, noch ohne Salz.«

»Wie Nudeln?«
»Exakt. Zwei bis drei Minuten sprudelnd kochen, dann rund zwanzig Minuten mit Salz auf halber Hitze und zugedeckt quellen lassen. Dann nimmst du mit einem Teelöffel ein oder zwei Reiskörner heraus und probierst, ob sie gar sind.«
»Und dann?«
»Wie Spaghetti, ins Sieb und abtropfen lassen.«
Und so haben wir es gemacht. Wir hatten stumm auf den Reis geschaut, wie er schneeweiß und noch glänzend vom Kochwasser im Sieb lag, und ich hatte erzählt, dass man in Manila, bei meinem Vetter, den heißen frischen Reis in Butter und immer mit anderen Gewürzen oder Kräutern schwenkte. Das sei das Frühstück. »Dazu gab es ein Glas Orangensaft – wie bei dir!«
Und so begann ich meinen ersten Brief an Janne und setzte einfach unser Gespräch fort.

Liebe Janne,
wir haben gar nicht mehr darüber gesprochen, was man mit dem übrig gebliebenen Reis macht. Bei mir kommt er immer in den ausgefetteten Bräter, wird mit einem Esslöffel Fünferleigewürz und etwas Butter oder Olivenöl durchgeschwenkt und

in die Speisekammer gestellt. Das ist dann die Basis für viele andere Gerichte, die Du in den üblichen klassischen Kochbüchern findest: *Curryreis, Pilaw, Hühnersuppe mit Reis, Risi-Bisi, Gumbo, gefüllte Weinblätter, gefüllte Paprikaschoten, grüner Reis, Hopping John.* Das alles kannst Du nachlesen, dazu brauchst Du mich nicht. Ich will Dir heute vom *Risotto* erzählen.

Risotto wird mit ganz besonderen Reissorten gekocht. Aber die wichtigste Zutat ist auch hier Geduld. Du rührst den Reis sanft und leise gar, so wie wir es gemacht haben. Der Reis meiner Großmutter ist immer dann richtig gelungen, wenn die Reiskörner von allein in ihrem Topf weiß und trocken und locker wurden. Der Risotto dagegen gilt als gelungen, wenn er golden und sämig im Topf glänzt. Risotto ist immer Risotto, nichts anderes. Du kannst ihn mit anderen Zutaten verwöhnen, aber er braucht sie nicht. Er braucht nur Dich. Du musst ihn von Anfang an begleiten. Du kochst ihn nicht, Du rührst ihn gar. Du brauchst dazu Risotto-Reis mit den melodischen Namen Carnaroli, Arborio, Vialone Nano oder Baldo, was immer Du bekommst.

Risotto

Dies sind die Zutaten für 4 Personen: 350 g Risotto-Reis, 1 kleine Zwiebel, 1 Glas trockener Weißwein, 2-3 EL Olivenöl, 1 Prise Salz, 1–1½ l Gemüse- oder Hühnerbrühe, 20 g Butter. Nach Belieben 2–3 EL geriebener Käse, Parmesan oder Grana Padano

Alles beginnt wieder einmal mit einer gewürfelten Zwiebel, die im Fett golden brät. Dann schüttest Du den Reis dazu, rührst auf starker Hitze, bis die Reiskörner glasig zu werden beginnen, und gießt eine Tasse kochende Hühner- oder Gemüsebrühe darauf. Und so machst Du bei schwacher Mittelhitze weiter: ein Schöpflöffel Brühe, ein Schlückchen Wein, ein paar Pfefferkörner oder ein anderes Gewürz Deiner Wahl, dann wieder Brühe – immer gleichmäßig und geduldig das rühren, was Du gerade hinzugegossen hast, bis der Reis es ganz aufgesogen hat. Der fertige Risotto wird mit ein paar Butterflöckchen gekrönt und mit dem geriebenen Käse serviert.

Es gibt sicher noch einmal hundert private und streng gehütete *Risotto*-Rezepte, aber wenn Du es ein paarmal nachgekocht hast, fängst Du ohnehin an, zu spielen und zu variieren. Mein Rat: Halte immer die Version, die Dir am besten gelungen ist und am besten schmeckt, in dem Kochbuch fest, das Du Dir ja schon während unseres Besuchs angelegt hast.

Meine böhmische Großmutter hat übrigens den Reis im Ofen gekocht. Ihre Reisgerichte beruhten auf dem Verhältnis 1:3. Eine Tasse Reis und drei Tassen Brühe. Ihr Rezept hätte meiner Göttinger Großmutter gefallen, denn die Zubereitung ist so knapp und kurz, wie sie es liebte. Die böhmische Großmutter wusste genau, wie viel Flüssigkeit ihre Reissorte schluckte und wie lang die Garzeit sein sollte. Sie benutzte einen alten, zerdellten Aluminiumtopf, den sie von ihrer Mutter geerbt hatte und so blank putzte, dass er wie Silber funkelte, und sie begann, ihren *Reis* auf die klassische Art und Weise zu kochen:

Wiener Reis

3 Zwiebeln oder Schalotten werden geviertelt, auf dem Herd in reichlich Fett gedünstet, dann kommen 2 Tassen Reis hinzu und werden einmal mit den Schalotten umgerührt, dann mit 6 Tassen kräftiger, fetter heißer Fleischbrühe begossen. Sie ließ das Ganze einmal aufkochen, dann kam der zugedeckte Topf in den

auf 200° vorgeheizten Backofen und hatte erst einmal eine halbe Stunde Ruhe. Danach bewaffnete sich meine Großmutter mit einem Topflappen, zog den Reistopf nach vorn, sodass sie sich, bequem und ohne sich zu verbrennen, ein Reiskorn herausangeln und seinen Gargrad feststellen konnte. War es noch zu fest, so bekam das Gericht noch einen Schluck heiße Brühe. Zu feucht? Dann gab es ein paar Butterflöckchen, und in beiden Fällen hieß es: Wieder ab in die Ofenhitze, ungefähr 10 Minuten.

Ach, und wie das duftete! Der Reisrand war immer braun und knusprig, aber das Innere so satt und saftig, dass man sich eigentlich gar nichts anderes auf den Teller zu holen brauchte. Außer Salat oder einem Naturschnitzelchen.

Liebe Janne, ein Reisgericht überstrahlt in meiner Erinnerung alle anderen, und das kennst Du auch noch von damals.
Meine Großeltern hatten einen Sohn. Weil mein Großvater mit sechs Jahren in die Kadettenanstalt in Plön gesteckt worden war, muss er es als selbstverständlich empfunden haben, seinen Sohn in ein Jungeninternat im Harz zu geben. Manchmal

bekamen wir Besuchserlaubnis. Es gab in unserer Straße nur zwei Familien, die ein Auto besaßen, Deine Familie und uns. Großvaters Auto war ein Opel mit klappbarer Frontscheibe, einer Art Kinderwagenverdeck aus fester Plane, Fenstern aus Marienglas, eingerahmt von ebendiesem festen Stoff mit vier großen Druckknöpfen, in jeder Ecke einen.

Die breiten Trittbretter waren wie für uns geschaffen. Weißt Du noch, wie wir darauf saßen und mit unseren Puppen spielten? Hinter den Rücksitzen thronte eine längliche schwarze Kiste, eigentlich für Gepäck, aber für mich und meine Puppen war es eine tolle Reisekiste.

Es gab damals ja noch keine asphaltierten Straßen, und einmal folgte mein Großvater ahnungslos einem dieser Sandwege durch ein offenes Gatter in ein Waldstück hinein. Das Gatter am anderen Ende aber war geschlossen. Fluchen, umdrehen, zurückfahren. Doch unterdessen war auch das vordere Gatter zu.

Mal Dir aus, was geschah. Du hast meinen Großvater gekannt und weißt, wie er fluchen konnte. Jedenfalls kochte meine Großmutter seitdem immer den

Rettungsreis

Und der ging so: Reis 1:3 in Fleischbrühe etwa 5 Minuten leicht kochen lassen. Für jeden Mitfahrer ein Paar Brühwürste auf den Reis legen und die Lücken mit Tomaten, ganz oder halbiert, ausfüllen, pfeffern und salzen.

Deckel drauf, mit einem Gummiband fixieren und vorsichtig zum Auto tragen, wo die Reisekiste inzwischen mit alten Wolldecken zur Kochkiste umfunktioniert worden war und auf den Reistopf wartete. An der Seite stand ein Korb mit Tellern und Besteck. Wir konnten also keinesfalls verhungern.

Und daran erinnerst Du Dich sicher auch noch: Wenn wir aus dem Harz oder aus Berlin zurückfuhren, sahen wir manchmal Euer Auto uns entgegenkommen. Und Du hörst es noch: Großes Gehupe. Angehalten. Gelächter, Durcheinander-Gerede, aussteigen, Brause trinken aus bunten Bechern und den Puppen die Tannen zeigen, und dann immer unsere Frage: »Ist noch Rettungsreis übrig?« Manchmal war er noch warm.

Vielleicht hast Du Lust, einen ähnlichen Reis zu kochen? So praktisch und so lecker? Hier das Rezept. Es hat keinen besonderen Namen. Nennen wir ihn einfach *Sommerreis*, weil man im Sommer die größte Gemüseauswahl hat.

Sommerreis

Zutaten: Kohlrabi, Tomaten, Bohnen, Frühlingszwiebeln, Blumenkohl, Fenchel, Erbsen, Möhren, Paprikaschoten. Du brauchst für Dich und, sagen wir, zwei bis drei Gäste etwa 500 oder 750 g Gemüse. Waschen, putzen, würfeln, in einer Tasse heißer Brühe 10 Minuten dünsten, salzen, würzen, abschmecken. Eine Tasse Reis hineinrieseln lassen, mit 2½ Tassen heißer Brühe aufgießen. Einmal aufkochen, dann zudecken und auf Mittelhitze 15–20 Minuten simmern lassen. Petersilie, Dill, frischen Oregano fein wiegen und mit Butterflöckchen vorm Servieren unterheben.

Dieses Rezept ist nicht nur einfach, Du kannst es auch mit immer anderem Gemüsegemisch immer wieder anders aussehen und schmecken lassen. Und nun guten Appetit!

»Weißt Du noch, was wir damals gegessen haben?«

Weißt Du noch, was wir damals gegessen haben?«, fragte Janne auf einer Postkarte, auf der sie sich für die Reisrezepte bedankte. Ich wusste es nicht nur, sondern holte längst die Einfachheit von damals auch ohne Gemüsegarten auf unseren Tisch in Hamburg.

Die Häuser, in denen Janne und ich in Göttingen aufwuchsen, waren für Alltag und Sonntag eingerichtet. Der Kiesweg zu Jannes Haustür führte an Rasen und Rabatten vorbei, wo es immer blühte und duftete. Um die Terrasse herum rankten Rosen, und der Schatten der Bäume schützte die Blüten vorm Brand der Mittagssonne.

Alles aber, was hinter dem Haus lag, gehörte uns Kindern und der Köchin. Auf der einen Seite Himbeerhecken und Beerenbüsche, Obstbäume mit Früchten für jede Jahreszeit auf dem Rasen, dann ein Spalierweg aus Birnen und Pfirsichen und dahinter Gemüse und Erdbeerbeete. Reck und Schaukeln standen mitten in den Erdbeeren. Wie oft saßen wir beide am Ende eines langen

Sommertages auf den Schaukeln und schaukelten traumumfangen und sonnenmüde und sagten kein einziges Wort und hörten die Igel schmatzen, wenn sie in die dicken reifen Erdbeeren bissen.
»Und ich hatte nichts von den Erdbeeren«, höre ich noch Janne sagen. »Ich bekam immer diese allergischen Anfälle, einmal bin ich fast erstickt!« Und so begann mein nächster Brief:

Liebe Janne,
ja, ich erinnere mich gut, was es bei Euch zu essen gab, weil ich manchmal mittags oder abends zum Essen bei Euch bleiben durfte. Auch wenn Du – und ich aus lauter Freundschaft ebenfalls – keine Erdbeeren essen konntest, bot Euer Garten so viel gutes anderes, denn auf Euren Tisch kam sowieso immer nur das, was Eure Köchin frühmorgens gepflückt oder geschnitten hatte.
Ich erinnere mich zum Beispiel an den Bohnensalat aus gelben und grünen Bohnen mit einer Zwiebel und Tomaten. Oder an die Schüssel mit Radieschen und Kresse zu unserem abendlichen Butterbrot. Immer ein frischer Kopfsalat mit Borretsch, Schnittlauch oder Zitronenmelisse. Schnittspinat. Und der Blumenkohl unter einer Haube

aus groben Semmelbröseln, rösch und knackig in Butter geröstet und noch zischelnd auf die Röschen gekippt – daran erinnere ich mich noch sehr genau.

Damit auch Du Dich ein wenig in alte Zeiten zurückversetzen kannst, schicke ich Dir im Folgenden ein paar Salatrezepte. Aber denk dran: Immer frisches Gemüse auf Deinem kleinen Markt an der Ecke kaufen, zum Beispiel zarte Mohrrüben.

Mohrrübensalat

Zutaten: 300–500 g junge süße Mohrrüben, den Saft 1 Zitrone, 1 Kasten Kresse, 1 Bund Dill, 1 Apfel, je 1 Prise Salz und Zucker. Nach Belieben 1 Prise gemahlenen Ingwer, 2 EL Olivenöl oder 2 EL saure Sahne

Und so wird der Salat zubereitet: Die Mohrrüben waschen und bürsten, grob raspeln und mit dem Saft der Zitrone beträufeln. Kresse abschneiden, Dill hacken und alles mit den Möhren und fein gestifteltem Apfel vermischen. Mit Salz, Zucker und 1 Prise Ingwer würzen und zugedeckt ½ Stunde ziehen lassen. Kurz vorm Servieren mit Öl oder saurer Sahne vermengen. Dazu gibt es ein Stück Schwarzbrot mit gesalzener Butter.

Und wenn die Kohlrabi reif sind, einfach grob raspeln und nur mit saurer Sahne, ein paar Tropfen Zitronensaft und 1 Prise Zucker, selbstverständlich Pfeffer und Salz, durchschwenken.

Weißt Du noch, dass im Garten unserer Kindheit auch Gurken wuchsen? Die kurzen knubbeligen zum Kochen (mit Dill und Zwiebeln), die langen, schlanken, hochmütigen für Salate. Nur – weder Du noch ich mochten diese glatten, kalten Gurkenscheiben. Sie hatten, fanden wir, etwas Feindseliges an sich. Ich schicke Dir hier ein Rezept aus Dänemark, in dem sie gekocht werden:

Skandinavischer Gurkensalat

Zutaten: ½ Tasse Essig, ¼ Tasse Wasser, Salz, Pfeffer, 2 EL Zucker, 1 Salatgurke. Nach Belieben 1 Kopfsalat

Wasser, Essig, Salz, Pfeffer und Zucker rasch aufkochen, vom Herd nehmen. Die ungeschälte Salatgurke in Scheiben schneiden oder hobeln, mit der unterdessen abgekühlten Beize begießen und mindestens 2 Stunden zugedeckt ziehen lassen. Schmeckt besonders gut, wenn man einen Kopfsalat mit der Lieblingsmarinade anmacht, die Gurkenscheiben abtropfen lässt und auf dem Kopfsalatbett anrichtet.

Dazu gehört auch das folgende, allerdings üppige Salatrezept, ein schottisches, das Du vielleicht sogar kennst und das für etwa 3–4 Gäste gedacht ist, der

Arran-Salat

Zutaten: 10 Kartoffeln, 250 g frische Erbsen, 250 g Rote Bete.

Kartoffeln und Rote Bete werden gewürfelt, dann alles in etwa ¼ l schwach gesalzenem Wasser kochen, abgießen und noch heiß zu den ebenfalls gekochten Erbsen in eine Salatschüssel geben. Mit Estragon, Petersilie, Schnittlauch und Kerbel, Salz und Pfeffer, 1 Prise Zucker, Essig und Öl bestreuen und begießen. Vorsichtig, aber gründlich durchschwenken und erkalten lassen.

Und ich schicke Dir noch ein viertes Salatrezept, das ich neulich ausprobiert habe. Es enthält außer der Marinade nur eine Zutat:

Champignonsalat

Für diesen Salat brauchst Du braune Champignons, die Du nicht wie anderes Salatgemüse unter fließendem kaltem Wasser wäschst, sondern trocken sauber putzt.

Und dies sind die Zutaten: 500 g braune Champignons, 2 Schalotten, 1 Zitrone, Pfeffer, Salz, 1 Prise Zucker, Petersilie, etwas Oregano, Olivenöl, Pfeffer und Salz

Die Pilze werden in Scheiben geschnitten und gleich mit etwas Zitronensaft beträufelt. Die Schalotten schälen und fein würfeln, die Petersilie fein wiegen, beides zu den Champignons geben, pfeffern und salzen, mit fein zerriebenem Oregano bestreuen und Öl, Zitronensaft oder Weinessig, Pfeffer und Salz verrühren und auf die Pilze gießen.

Das ist, wie ich finde, einer der würzigsten und besten Salate, dessen nussartigen Geschmack Du durch immer neue Kräutervariationen betonen kannst. Er passt ausgezeichnet zu einer Scheibe gekochtem Schinken, und mit einem Stück frischem Weißbrot hast Du ein sättigendes Abendessen. Und weil Salat oft zu einem Fleischgericht serviert wird, liebe Janne, werde ich Dir in meinem nächsten Brief meine Lieblings-Fleischrezepte schicken.

Fleisch und Fisch für Gäste

Liebe Janne,
hier kommt nun der Brief mit den Fleischrezepten, aber vorab ein Rat: Such Dir bitte in der Nähe ein gutes Lebensmittelgeschäft, auf dem Wochenmarkt einen Bauern, zu dem Du regelmäßig gehst, und vor allem einen *butcher*, der beste Ware hat. Dann macht das Kochen Vergnügen, denn Du weißt, dass die Tiere, von denen das Fleisch stammt, sorgsam gezüchtet und ohne überflüssige Zusatzstoffe aufgewachsen sind. Das lässt die Muskulatur zudem so zart, wie man es gern hat. Du wirst es bei den folgenden Rezepten feststellen:

Spanisch Fricco

Bei diesem Gericht musst Du nur schälen, schneiden und schichten. Und das ist Dein Material: 1 kg Rindfleisch aus der Keule, 750 g mehlige Kartoffeln, 4–6 Zwiebeln, in Scheiben geschnitten und in Butter blond gebraten, Salz, Pfeffer, Butter oder Schmalz, ¼ l saure Sahne

Ich habe in Deiner Küche gesehen, dass Du noch

einen alten schwarzen Schmortopf besitzt. Hol den heraus, streich ihn innen dick mit Butter aus und schneide das Fleisch, die geschälten Kartoffeln und die Zwiebeln in Scheiben. Jetzt wird nur noch geschichtet: eine Schicht Kartoffelscheiben, Salz, Pfeffer, Butterflocken, eine Schicht Zwiebeln, eine Schicht Fleisch, Salz, Pfeffer, Butterflocken usw., bis alles aufgebraucht ist. Die oberste Schicht sollte aus Kartoffeln bestehen. Das Ganze wird mit der Sahne begossen, zugedeckt und im vorgeheizten Ofen bei 220° 1½ Stunden gegart.

Das Praktische an diesem Fleischtopf: Wenn Deine Gäste zu spät kommen oder wenn Ihr schon so tief in einem Gespräch versunken seid, dass Du es ungern unterbrechen möchtest – das Fricco wartet geduldig im abgeschalteten Ofen.
Und dazu stellst Du eine große Schüssel mit einem der Salate, die Du inzwischen ausprobiert hast und die Dir am besten schmecken, auf den Tisch. Oder Deine geliebten Erbsen, in Butter und reichlich gehackter Petersilie geschwenkt.

Das zweite Fleischgericht ist eins meiner Lieblinge, und obwohl es ein britisches Nationalgericht ist und Du es sicher schon im Restaurant oder bei Einladungen gegessen hast, möchte ich es Dir unbedingt für Deine englischen Gäste ans Herz legen. Du musst dabei übrigens nur alle Zutaten in Deinen Schmortopf oder in eine große Auflaufform füllen und in den auf 180-200° vorgeheizten Ofen stellen und brauchst Dich zwei Stunden lang nicht weiter darum zu kümmern. Es sind die

Baked Beans

Die einzige Arbeit: Du musst schneiden und würfeln. Brate zuerst 125 g gewürfelten Räucherspeck in einer großen Auflaufform an. Das ausgeschmolzene Fett in der ganzen Form herumrinnen lassen, sodass sie gut ausgefettet ist. Dann 4–6 Zwiebeln fein würfeln, 1 großen oder 2 kleine säuerliche Äpfel, am besten Boskop, in Scheiben schneiden und beides mit etwa 250 g grob geschnittenem Räucherfleisch, 2 EL scharfem Senf, 4 EL Sirup, etwas Bohnenkraut, braunem Zucker und Pfeffer zum Speck in die Form schütten. Salz braucht man nicht, weil der Saft vom Fleisch und Speck salzig genug ist. Dann kippst Du den Inhalt von zwei großen Dosen mit weißen Bohnen dazu, und das Gericht wandert in den heißen Ofen. Es kocht dort 2 Stunden in der zugedeckten Form und 1 weitere

Stunde ohne Deckel und beglückt zuletzt ein gutes halbes Dutzend Deiner Gäste.

Du kannst *Baked Beans* auch als vegetarisches Gericht zubereiten, indem Du den Räucherspeck und das Fleisch weglässt. Damit könntest Du zum Beispiel Frühstücksgäste überraschen.

Liebe Janne, und da wir nun bei Fleischrezepten angelangt sind, füge ich noch ein Fischrezept hinzu. Ja, ich höre schon Dein empörtes »Ach, Bille!«. Und natürlich erinnere ich mich. Ich genoss es jedes Mal, wenn ich mittags an Eurem großen Esstisch inmitten einer großen Familie sitzen durfte. Nur nicht an den Tagen, an denen es Fisch gab. Gekochten Fisch. Kartoffeln, Fisch und Sauce. Ein Fisch, so weiß wie Schnee und so zäh wie weiße Pappe. Deine kleine Schwester hamsterte den ausgekauten Fisch in den Backentaschen und versuchte, die Knödel in die Serviette zu spucken, wenn keiner guckte. Wir beide versuchten, so wenig wie möglich zu essen. Trotzdem, liebste Janne, schenke ich Dir hier ein ganz besonderes Fischgericht, und schreib mir bitte ganz ehrlich, wie es Dir geschmeckt hat.

Es stammt ursprünglich aus Indien, und meine Großmutter, Du weißt ja, dass sie vor der Heirat mit meinem Großvater in erster Ehe in Manila verheiratet und ihre Tochter meine Mutter war, behauptete, es sei von indischen Köchen für ihre curry-süchtigen englischen Herren erfunden worden.

Kedgeree

Man braucht dazu gekochten Fisch. Das kann ein Rest sein, es kann auch zum Beispiel ein frisch gedünsteter Lengfisch sein. Hauptsache, dass er frisch und grätenlos ist. Er wird zerpflückt und mit gleich viel gekochtem Reis vermischt, kommt in zerlassene Butter – pro 2 Tassen Fisch-Reis-Mischung gut 50 g – wird mit so viel Curry, wie man mag, und pro Person mit 1–2 hart gekochten, fein gewürfelten Eiern vermischt und umgeschwenkt. Auf Mittelhitze wärmen. Dann verquirlt man ein Ei mit etwas Milch oder Sahne, gießt es auf den Reis und rührt vorsichtig so lange, bis das Ei gestockt ist. Mit reichlich Petersilie oder gerösteten Zwiebelringen servieren. Man kann einen Tomatensalat dazugeben. Dazu musst Du ein gutes englisches Bier im Kühlschrank haben.

Kedgeree kann man als Single für sich allein zubereiten, man kann die Grundmenge aber auch beliebig vergrößern und andere Gewürze verwenden. Sie sollten aber immer aus dem ostasiatischen Raum stammen. Und um Deiner zweiten Heimat Ehre zu erweisen, solltest Du, wie üblich in England, das Kedgeree mit gedünsteten Tomaten umkränzen.
Ich bin gespannt, was Deine englischen Gäste zu einem Gericht aus ihrer einstigen Kronkolonie sagen. Rezepte sind immer schon gewandert, aber das sind andere Geschichten. Wenn ich nicht versprochen hätte, mich auf ein einziges Fischgericht zu beschränken, hätte ich noch gern den oder das legendäre *Labskaus* auf die Reise zu Dir geschickt. Erst einmal Schluss für heute! Stets Deine Bille

»Bei allen Leuten gibt es Fleisch mit Sauce ...«

Im selben Brief, in dem Janne begeistert von ihren Erfolgen mit den Fleischgerichten berichtete, schrieb sie zuletzt: »Bei allen Leuten gibt es Fleisch mit Sauce – nur bei Dir nicht! Warum?«
Ja, warum?, liebe Janne, schrieb ich zurück. Ich bin tatsächlich eine miserable Saucenköchin. Das hat mit einem fehlenden Vorbild und der Nachkriegssituation in Göttingen zu tun. Du weißt ja, dass die Universitätsstadt vom Krieg verschont geblieben ist. Daher füllte sie sich mit Flüchtlingen und Ausgebombten, sodass das Wohnungsamt jeden freien Raum beschlagnahmt hat und meiner Großmutter nur ein düsterer Winkel für das geblieben war, was man kaum als Küche bezeichnen konnte. Bestimmte Gerichte, deren Herstellung Platz brauchte, wurden gnadenlos vereinfacht oder ganz und gar gestrichen. Dazu gehörten Saucen. Heute reicht mir deshalb der Saft, den Tomaten und andere Gemüse im Kochtopf selber herstellen, und mir reicht der Natursaft aus dem Fett und den Sehnen eines Fleischtopfes.

Aber es gibt zwei kalte Saucen, deren Rezept man einfach kennen muss. Beide passen zu einem festlichen Abendessen ebenso wie zu einem Alltagslunch und erst recht zu Deiner Singleportion, die dadurch wunderbar aufgepeppt werden kann. Ich schicke Dir die schlanke Version, in der sie meine Großmutter durch Kriegs- und Schwarzmarktjahre transportiert hat. Und hier ist Sauce Nummer eins:

Cumberland-Sauce

***Du brauchst:** 1 Glas Johannisbeergelee, 1 EL englische bittere Orangenmarmelade, 2 EL scharfen Senf, Pfeffer, 1 Glas Portwein, 1 Prise Salz und gemahlenen Ingwer*

Alle Zutaten in eine Schüssel oder einen Krug füllen, mit dem Schneebesen oder dem Elektroquirl rasch zu einer schlanken Sauce verrühren. Die Sauce abschmecken und zugedeckt über Nacht ziehen lassen.

Leichter kann man es sich nicht machen, nicht wahr? Das gilt auch für Sauce Nummer zwei:

Sauce rémoulade

Die Basis für die Sauce rémoulade ist eine Mayonnaise. Du kannst sie selber (von ¼l Öl) rühren oder

im Laden kaufen. Dann brauchst Du noch Folgendes dazu: 1 Gewürzgurke, 1 Glas Kapern, 5–6 eingelegte Perlzwiebeln, 2–3 hart gekochte Eigelb, 2 EL fein gewiegte Kräuter
Gewürzgurke und Essigzwiebeln fein wiegen, Eigelb mit der Gabel zerdrücken und alles samt den Kräutern unter die Mayonnaise ziehen. Zudecken und in den Kühlschrank stellen. Diese Sauce braucht man immer wieder für Salate oder Beigaben zum gekochten Fleisch, Fisch oder zu anderen Meerestieren.

Als ich in Wien studierte, habe ich von meiner böhmischen Großmutter eine Art Urform dieser Sauce kennengelernt, nämlich die

Eiersauce

3–4 hart gekochte Eier werden mit der Gabel zerdrückt und mit etwa 1 EL Zitronensaft und esslöffelweise Öl dazu verrührt, bis eine sämige Sauce entsteht. Sie wird gewürzt mit Pfeffer und Salz, 1 Prise Zucker, fein gewiegten Salatkräutern wie Borretsch, Petersilie, Dill, Zitronenmelisse und etwas frisch geriebener Ingwerwurzel.

So hat es meine Großmutter für den Kopfsalat gemacht, der bei ihr ebenso wenig wie die Vorsuppe bei keinem Mittagessen fehlen durfte. Ich wiege heute gern so viele Salatkräuter fein, wie ich auf dem Markt erwische. Im Lauf des Jahres werden immer wieder andere angeboten, sodass die Sauce auch immer wieder anders schmeckt. Wenn ich den Salat unter die Eiersauce gerührt habe, wird sie manchmal etwas zu fest. Dann nähre ich sie mit ein wenig Öl oder Crème fraîche oder Mayonnaise.

Liebe Janne, Du siehst, ich habe Dir hier Rezepte für Saucen geschickt, die Du für Salate und so weiter verwenden kannst, keine für gekochte und geschmorte Fleischgerichte – aber vielleicht geht es Dir und Deinen Gästen ja auch eines Tages so wie mir, dass der Saft aus Fett und Sehnen reicht?

Toni und die Baisers

Liebe Janne,
Du hast mich, als wir uns in Göttingen nach dem Krieg wiedergesehen haben, gefragt: »Wie war es im RAD?« Als mich die Nachbarn und alten Freunde im von allem verschonten Göttingen nach meiner Zeit im Reichsarbeitsdienst gefragt haben und ich zu erzählen anfing, meinten sie, ich solle nicht so angeben, und so schlimm würde es wohl nicht gewesen sein. Da hältst Du dann den Mund, aber weil wir jetzt vom Essen reden und schreiben, will ich Dir doch etwas davon erzählen, nämlich von Toni.

Meine liebste Freundin war sie nicht. Das bist und bleibst Du. Aber sie achtete in einer Zeit auf mich, als man jeden Schutz und jeden Zuspruch brauchte. Sie hieß Antonia, aber alle sagten Toni zu ihr. Sie war gelernte Köchin, ein paar Jahre älter als wir »RAD-Maiden«, wie wir genannt wurden, aber da der Propagandaminister Goebbels 1943 im Sportpalast in Berlin den totalen Krieg ausgerufen hatte – unter brausendem Beifall –, bedeutete das für Frauen und Mädchen: Alle bisher Zurückgestellten wie Mütter, Lehrerinnen und Schülerinnen wurden noch einmal geprüft, ob sie als Flakhelferinnen, Arbeiterinnen in Munitionsfabriken und so weiter kriegsdienstverwendungsfähig waren. So wurde Toni als Köchin in mein RAD-Lager in Oberschlesien zwangsverpflichtet.

Als wir Schülerinnen mit – wegen der Dienstpflicht – abgebrochenen Abiturprüfungen uns nach dem Frühstück am ersten Vormittag im Lager einzeln vorstellen mussten, sagte sie: »Antonia aus Österreich.«

»Aah – da haben wir wenigstens eine Kameradin aus der schönen reichsdeutschen Ostmark!«, korrigierte die Lagerführerin.

»Nein«, sagte Toni, »aus Tirol.«

»Und wir sind zwei«, sagte ich und stellte mich neben Toni, »aus der Steiermark.«

Alle starrten uns an, aber die Lagerführerin sagte nur: »Da muss man Sie wohl im Auge behalten.«

Toni schaffte es, mich als Hilfsküchenmädchen zugeteilt zu bekommen, und sie prüfte mich. Sie ließ mich abends die hölzernen Tischplatten und den Hackklotz scheuern, morgens alle Kücheneimer voll Brunnenwasser pumpen, den Morgenbrei, der aus einem streng riechenden Pulver und Wasser angerührt wurde, mit einem gigantischen Schneebesen bearbeiten, dass er nicht anbrannte. Und mittags hieß sie mich Kartoffeln pellen oder schälen.

Meine Pellerei gefiel ihr besonders. »Wenn wir daheim wären, würd ich dich als richtiges Küchenmädel einstellen, und dann tätst du alles kochen lernen, was bei uns gut schmeckt!«

»Und was ist das?«

Sie schaute mich an, und dann lächelte sie, schloss die Augen und begann langsam und bedächtig aufzuzählen, was ich nicht einmal dem Namen nach kannte:

»*Oakraus* und *Lebzeltwizl* und *Jungfernnudeln* und … Ich geh nach Tirol zurück, und du?«, fragte sie leise.

»Heim zu den Großeltern, nach Göttingen.«

»Das ist im Norden.«

»Na ja. Eine Art Norden.«

»Aber weit genug von uns entfernt. Da kann ich dir ruhig meine Rezepte sagen. Meine liebsten und besten.«

»Sind die denn ein Geheimnis?«, fragte ich.

»Aber und wie! Es sind ja überall die gleichen

Zutaten: Wasser, Milch und Mehl, Butter, Eier, Mais- und Buchweizenmehl, Graupen und Hafer. Jede Hausfrau erbt die sorgfältig gehüteten Familienrezepte, und die sind geheim!« Sie lachte. »So geheim wie dem Führer seine Geheimwaffen. Noch geheimer!«
Es war das letzte Kriegsjahr. In der Stadt hätte ich vielleicht einen Notizblock kaufen können. Unser RAD-Lager gehörte jedoch zu einem Dorf ohne Kirche, Gasthaus und Geschäfte. So schrieb ich Tonis Rezepte auf die Ränder von *Wir Mädel singen*, der Liedersammlung des BDM, die auch für den RAD galt. Als kein Platz mehr frei war, lernte ich die restlichen Rezepte auswendig. Bis heute brauche ich kein Kochbuch, wenn ich *Grießnockerl* oder *Pörkölt* koche.
Danach erzählte ich Toni von dem, was ich damals gerade von meiner Bäuerin gehört hatte, zu der ich jeden Morgen durch Schnee und Sturm und Hagel zur Arbeit und am Nachmittag wieder ins Lager zurückmarschierte. Es sei eine alte Sitte, als die Männer noch nicht eingezogen wurden und das Essen noch nicht rationiert war. Am Nachmittag des 24. Dezember gingen die Männer mit einem Küchenbrett und einem scharfen Messer in das

Gasthaus im Nachbardorf. Dort war alles vorbereitet, und sie setzten sich an den Tisch und schnitten auf ihren Brettchen alles in kleine Würfel, was in den Salat für den Heiligen Abend kam: Pellkartoffeln, Äpfel, Sellerie, Rote Bete, Zwiebel, Gewürzgurken, hart gekochte Eier, eingelegten Hering, Kapern. Das wurde in eine große Schüssel gefüllt, gesalzen und gepfeffert, mit Essig und Öl gemischt und dann in so viel Portionen geteilt, wie Männer daran gearbeitet hatten. Das war an diesem letzten Fastenabend das letzte Fastengericht. Erst um Mitternacht, nach der Mette, wird ja das Fasten gebrochen.

Und, Janne, weißt Du was? Meine Großmutter in Göttingen hatte genau dasselbe Rezept, nur brauchte sie dazu keine Dorfgemeinschaft. Sie machte es allein, und weil sie evangelisch war und keine Fastenzeit kannte, hieß ihr Salat einfach *Heringssalat*, und für sie gehörte eine dicke Scheibe Kalbsbraten dazu, auch gewürfelt. Der verschwand natürlich, als die Zeiten härter wurden. Dann verschwanden auch der Hering und die Eier, aber der Salat schmeckte trotzdem.

Dann kam der Januar, und die Flucht aus Oberschlesien begann. Wir stapften durch den Schnee. Wir fanden für die Nacht in einem verlassenen Bauernhaus Unterschlupf. Wir wurden ein paar Kilometer in einem leeren Güterzug mitgenommen. Wir hockten auf dem dreckigen Boden, und irgendwann tönte Tonis Stimme aus der Finsternis: »Bei den Baisers rechnest du siebzig Gramm Zucker pro Eiweiß. Einfach nur schlagen, bis es so steif ist, dass du es schneiden könntest.«
Eine andere Stimme aus dem Dunkel: »Du hast die Zitrone vergessen!«
»Mariaundjosef! Danke! Also, ein paar Tropfen in den Schnee, das hält ihn schön fest.«
Dann eine dritte Stimme: »Mehr trocknen als backen!«
Schweigen.
Ich glaube, wir alle sahen die Mutter in der Küche, wie sie mit zwei nassen Teelöffeln Baiser-Häufchen aufs Backblech setzte. Vielleicht summte sie. Vielleicht fiel die Sonne auf den Küchentisch.
Wieder Toni aus dem Dunkel: »Dann legst du ein Baiser auf einen Teller und einen Löffel Schlagobers daneben und obendrauf ein paar Himbeeren, ganz frisch gepflückt, fast noch feucht vom Tau …«

Diese Baiser-Geschichte habe ich in einer dunklen Nacht von den Mädchen geschenkt bekommen, die damals Kameradinnen hießen. Wir wussten alle nicht, dass es Erinnerungen wurden, die uns das ganze Leben lang begleiten sollten. Die uns wohl zum ersten Mal zeigten, dass Essen mehr ist als schiere Nahrungsaufnahme. Jedes Mal wenn ich seitdem Baisers mache, hocke ich wieder vor der rauen Holzwand des Viehwaggons, Toni irgendwo in der Nähe, und höre die Stimmen aus dem Dunklen.

Von Quarkkeulchen, Pas'cha und Kulitsch

Liebe Janne,
jetzt will ich Dir eine weitere von meinen Küchengeschichten erzählen, die uns immer wieder zeigen, dass in den Rezepten, mit denen wir leben und kochen, das ganze Dasein steckt, Familiengeschichte, historische Vergangenheit und die Dickköpfigkeit der Köche, die darauf bestehen, dass ihr Rezept das einzig wahre ist.

Er war eigentlich nicht mein liebster, aber doch so sehr ein Freund, dass ich ihm jeden Herzenswunsch hätte erfüllen wollen – so es in meiner Macht stand. Und er hatte einen Wunsch, und ich bildete mir ein, dass ich ihm zu helfen vermochte. Er stammte aus Sachsen, und seine Mutter hat die besten *Quarkkeulchen* der Welt gebacken, das berühmte sächsische Nationalgericht. Nun lebt er in Hamburg, eine Köchin versorgt ihn. Sie ist das Problem. Sie weigert sich, Quarkkeulchen zu backen, weigert sich sogar, jemanden zu suchen, der weiß, was sächsische Quarkkeulchen sind und wie man sie herstellt.

»Sie sind meine letzte Rettung!«, sagte er, als er mir am Telefon die Geschichte von den geliebten Quarkkeulchen erzählte. »Könnten Sie mir wenigstens das Rezept suchen?«
Ich sagte zu, weil ich dachte, das sei schnell erledigt. Die ersten beiden *Quarkkeulchen*-Rezepte jedoch, die ich in meiner Kochbibliothek fand, überraschten mich, denn sie hatten erstaunlich verschiedene Zutaten, und als ich weitersuchte, unterschieden sich Nummer drei und Nummer vier abermals erheblich. Bei Nummer sechs hörte ich auf zu suchen.
Mein Freund las sich die Rezeptsammlung schweigend durch. »Jetzt kann ich meine Köchin verstehen«, sagte er schließlich, »ich glaube, meine Mutter hat noch ein anderes Rezept gehabt.«
Und so verzichtet er fortan auf dieses Gericht, denn diese fremden Quarkkeulchen würden ihm nicht nur nicht schmecken, sondern die übersonnte Erinnerung zerstören.

Für mich aber – und Du kennst ja meine Leidenschaft, den vielfältigen Verbindungen zwischen Küche, Kunst- und Zeitgeschichte nachzugehen – ist das Ganze höchst interessant. Und so lege ich Dir im Folgenden einfach die Früchte meiner

Quarkkeulchen-Suche in Kurzform auf den Küchentisch. Hab keine Sorge: Ich schicke Dir nicht die einzelnen Rezepte mit, sondern nenne Dir nur die Literatur, aber eines, das letzte Rezept, schicke ich mit. Du wirst es wiedererkennen.

Das erste Rezept stammt aus dem *Universal-Lexikon der Kochkunst* von 1898, das damals jede Köchin und jeder Koch besaß und das die ganze Fülle und Üppigkeit der damaligen bürgerlichen Gesellschaft in zwei dicken Bänden mit Goldschnitt auf ewig gesammelt hat. Es ist ein typisches Rezept aus einer Zeit, in der das Backen und Kochen mittels Holz- und Kohleherd noch langsam und bedächtig vor sich ging und in der üppig mit Eiern und Sahne gewirtschaftet wurde.

Das nächste stammt aus dem *Goldenen Buch der Küche* von 1929. Das ist ein richtiges Großstadtrezept, knapp, flott, für junge Frauen mit Bubi-kopf und Seidenstrümpfen. Und in dem Kochbuch *Das Leibgericht* von 1938 waren die Rezepte im Geist der Zeit nach den reichsdeutschen Landesküchen gegliedert und mit Schwarz-Weiß-Illustrationen in nationalsozialistischem Stil versehen.

Aber nun zu dem Rezept, das meine ganze Wonne ist und das im *Göttinger Tageblatt* stand, das zwischen 1930 und 1935, wie ich jetzt festgestellt habe, jeden Tag ein kurzes Rezept veröffentlicht hat, das die Leserinnen eingeschickt haben. Die Quarkkeulchen heißen in diesem ABC zwar noch Quarkkeulchen, aber eine sparsame Göttinger Hausfrau hat sie so auf die schlichte Form der Resteverwertung zurückgeführt, dass eine sächsische Hausfrau ihre köstlichen üppigen Keulchen gar nicht wiedererkannt hätte.

Quarkkeulchen

Auf 1 Teller Quark gibt man 2–3 EL Mehl, 1 Ei, Salz und so viel Semmelbrösel, dass die Masse zu kleinen Keulchen geformt werden kann. Man wälzt sie in den Bröseln und backt sie in der Pfanne goldgelb.

Dies ist also der Text, der im Koch-ABC im *Göttinger Tageblatt* in der Zeit erschien, als wir beide jeden Morgen zusammen in die Albanischule gingen. Ich glaube, uns hätten auch alle anderen Spielarten der Keulchen geschmeckt, und es hätte sicher Himbeersaft aus eigenen Gartenfrüchten dazu gegeben.

Ich habe damals sehr wohl bemerkt, dass Du für Deine Käthe-Kruse-Puppen klitzekleine Pässe herstelltest und danach ebenso winzige Wörterbücher. Ich machte es für meine Puppen nach. Du machtest es, weil Du wusstest, dass Du mit den Puppen bald in einer Englisch sprechenden Welt leben würdest. Ich aber hielt das alles für ein Spiel.

Meine liebste Janne, damit wir wieder in unsere Gegenwart zurückkehren, lade ich Dich nächstes Jahr zu Ostern ein. Dann werde ich Dir Pas'cha und Kulitsch servieren, wie es zu einem Osterfrühstück gehört.

Pas'cha ist mein liebstes Quarkrezept. Mir hat es ein Freund aufgeschrieben. Er ist gelernter Koch, und wenn ich bei einem Rezept unsicher bin, rufe ich ihn an, und er hilft mir aus der Klemme. Er weiß wie Du, dass ich immer am Karsamstag in die nächtliche Auferstehungsmesse gehe und glücklich bin, wenn ich danach Gäste zum Osterfrühstück habe, mit denen ich im Licht unserer Osterkerzen essen und trinken kann, bis die Ostersonne aufgeht, immer mit dieser Quarkspeise, ohne die ein Osterfrühstück kein Osterfrühstück ist. Hier das Rezept, das mein Freund etwas vereinfacht hat:

Pas'cha

1 Becher Sahne wird mit 1 Beutel Vanillezucker und 1 Prise Salz halb fest gerührt und mit 500 g Magerquark, 3 Eigelb, 200 g geriebenen süßen Mandeln schlank gerührt. Dann werden 125 g Butter und 125 g Zucker weiß cremig gerührt, mit 20 g fein gewiegtem Zitronat gewürzt, zum Quark gegeben und mit einem Glas Rum abgeschmeckt. Die Creme wird in einen Steinguttopf gefüllt und sehr kalt gestellt.

Beim orthodoxen Frühstücksvorbild darf übrigens der *Kulitsch* nicht fehlen, ein Hefegebäck, das wie der Turm von Babel aussieht und auf dessen Kuppe der Zuckerguss so üppig gegossen wird, dass er an allen Seiten wie tauender Schnee herunterrinnt. Früher wurde der Kulitsch in eine saubere Serviette gehüllt, vorsichtig in einen Korb gelegt und mit in die Auferstehungsmesse genommen. Dort stand er mit anderen Kulitschen am Altar, und der Priester segnete die Speisen. So holte man sich den Ostersegen ins Haus. Heute nehmen viele Leute einen normalen Osterzopf.

Mein Kulitsch wird der Länge nach halbiert, jede Hälfte in Scheiben geschnitten. Wenn Du kommst, werde ich Dir eine von den köstlichen, gesegneten

Scheiben auf einen schönen Desserteller legen und Dir etwas von der Pas'cha dazulöffeln.

Das rote Ei, das – natürlich hart gekocht – neben Deinem Teller liegt, war auch mit dem Kulitsch in der Kirche und hat etwas von dem Ostersegen mitbekommen. Nimm es mit und iss es, wenn Du wieder in London bist.

Vom Sirup-Kochen in der Waschküche

Liebste Janne,
kannst Du Dich noch daran erinnern, wie wir als Kinder am Weihnachtstag von einem Haus zum anderen gerannt sind, um die geschmückten Christbäume zu betrachten? Und natürlich so lange um die Schnökerteller herumgestrichen sind, bis jede von uns etwas zum Probieren bekam?
Du mochtest die Braunen Kuchen am liebsten, und ich wollte Dir immer schon die Geschichte vom Sirup erzählen, und jetzt mache ich es wirklich.

Zu den pädagogischen Sätzen meiner Göttinger Großmutter gehörte: Ob du einen Haushalt oder eine Firma führst, du musst alles einmal selber gemacht haben. Nur dann kannst du es von anderen verlangen. Dazu gehörte für sie auch das Sirup-Kochen. Es fand im zweiten Nachkriegsherbst statt, als der erste Hungerwinter überstanden war und jeder versuchte, sich und die Familie so gut wie möglich auf den nächsten Winter vorzubereiten. Du warst ja inzwischen wieder in England.

Eine Nachbarin hatte meiner Großmutter als Dank dafür, dass sie ihr aus der Küchengardine eine Bluse genäht hatte, die Adresse von jemandem gegeben, der einen Rübenschnitzler besaß. Ich weiß nicht, wer uns die beiden Säcke mit Zuckerrüben in den Keller geschüttet hatte. Auf jeden Fall standen dort unten alle Fenster und Türen offen, es war ein Betrieb wie bei einem Volksfest. Jemand scheuerte den Waschkessel, mein Großvater mühte sich damit ab, an das Regenwasser aus der Zisterne unter der Waschküche zu kommen, denn die Rüben müssen zuerst im guten Wasser sauber gescheuert werden. Meine Großmutter verhandelte unterdessen mit dem Rübenschnitzler-Besitzer. Dieser verlangte als Miete einen Teil des Sirups, den wir nun herstellen wollten. Sie hatte wieder einmal einen ihrer wunderbaren Auftritte. »Wie viele Gläser?« Sie schrie vor Empörung auf, deutete auf uns alle, die sie zu versorgen hätte, und wenn er so herzlos sei, könne er seine Maschine gleich wieder einpacken. Er jammerte auch, schätzte sie aber richtig ein und gab nach.

Unterdessen schimmerten die Rüben weiß im erdigen Wasser. Unterdessen hatte sich die Hauswirtin mit ihrem Sohn zu uns gesellt, beide erfahrene Zuckerrüben-Kocher. Unterdessen kamen zwei Studenten, mit denen ich eigentlich mittelhochdeutsche Lautverschiebung auswendig lernen wollte, aber sie wurden ohne viel Umstände in den Zuckerrübenprozess eingegliedert.

Die Rüben wurden geschnetzelt, kochten im gescheuerten Waschkessel ihren Zucker aus, und dann begann das große Rühren, damit aus dem Saft der Sirup wurde. Der Großvater war für das Feuer unterm Kessel zuständig, die Großmutter brachte als Imbiss einen Korb gehamsterter Kekse, meine Kommilitonen und ich rührten, die Hauswirtin brachte die letzten Äpfelchen aus dem Garten, und wir klebten vom süßen Rübendunst an Händen und Armen. Wir schafften es, dass der Sirup nicht anbrannte. Dann wurde er in Gläser und Steingutkrüge gefüllt.

Als wir am nächsten Tag, wieder im Keller, das Ergebnis teilten, schaute die Hauswirtin ihre Gläser nachdenklich an und sagte: »Damit haben wir zu Hause im Advent immer die Braunen Kuchen gebacken.«

In jenem Jahr backte sie sie zum ersten Mal wieder, und meine Großmutter schaute zu, half, merkte sich die Zutaten, und seitdem lagen in den nächsten Jahren, wenn ich als Studentin zu Weihnachten von Hamburg oder Wien nach Göttingen fuhr, immer diese echten *Hamburger Braunen Kuchen* zusammen mit den *Wiener Vanillekipferln* und anderen Köstlichkeiten in der Silberschale, die nur im Advent aus dem Schrank geholt und für das beste Gebäck des Jahres blank geputzt wurde.

Liebe Janne, dies sind die beiden Rezepte. Vielleicht hast Du ja Zeit und Lust, sie so wie ich im November oder Anfang Dezember zu backen?

Braune Kuchen

Zutaten: 500 g Zucker, 500 g Sirup, 500 g Butter, 1250 g Mehl, 2 Beutel Backpulver, 1 EL Zimt, 1 EL Kardamom, 125 g fein gewiegte Sukkade, 250 g geschälte, gemahlene Mandeln, die abgeriebene Schale von 1 Zitrone, 1 Messerspitze Salz

Man kann die angegebenen Zutaten natürlich auch halbieren. Auf jeden Fall ist dies die Zubereitung:

Das Fett wird auf schwacher Hitze zum Zerschmelzen gebracht und mit dem Sirup erhitzt. Dann wird der Topf vom Herd genommen, man fügt Zucker, Gewürze und etwas Mehl hinzu, verrührt kräftig und schüttet den braunen Teigkloß auf den Rest Mehl. Gut durch-

kneten, zärtlich in ein Leintuch wickeln und mindestens einen Tag und eine Nacht ruhen und die Gewürze durchduften lassen. Dann möglichst dünn ausrollen, beliebige Figuren ausstechen und auf ein dünn mit Fett bestrichenes Blech oder Backpapier legen. Bei 200° in etwa 10 Minuten ausbacken.

Vanillekipferl

Zutaten: 300 g Mehl, 2 Eigelb, 1 Prise Salz, abgeriebene Schale von 1 Zitrone, 4 EL Vanillezucker, 125 g feiner Zucker, 200 g Butter, 100 g gemahlene Mandeln, Puderzucker

Und so gehst Du vor: Das Mehl aufs Backbrett oder den Tisch sieben, in die Mitte eine Vertiefung machen und Eigelb, Salz, Zitronenschale, Vanillezucker und Zucker in die Kuhle geben. Diese Zutaten mit einem Teil des Mehls vermengen, dann die Butter in Flocken um diesen Brei setzen und die gemahlenen Mandeln daraufstreuen. Dann wird alles mit dem Messer gut gehackt und rasch mit kalten Fingern zu einem Teig geknetet. Er wird zu einer Rolle geformt und etwa eine halbe Stunde ins Kühle gelegt. Danach schneidet man immer ein Stück vom Teig ab, lässt den Rest im Kühlschrank, rollt den abgetrennten Teig zu einer kleinen fingerdicken Schlange und formt aus ihr

Kipferln. Sie werden auf ein ungefette-tes Blech gesetzt oder auf Backpapier und in etwa 20 Minuten im vorgeheizten Ofen bei 100° blond gebacken. Vorsichtig vom Blech nehmen, sie brechen leicht, und sofort mit Puderzucker bestreuen.
Falls Du sie aufheben willst, pack sie jeweils auf eine Lage Seidenpapier in eine Blechdose. Das schützt vor Bruch.

Sind Dir diese beiden Klassiker in der Herstellung vielleicht für Dich allein zu aufwendig? Dann lade Dir Nachbarn oder Freunde ein. Sie sollten allerdings etwas vom Backen verstehen. Mach einen Plan, wer was einkauft und vorbereitet, wann wer welchen Teil der Arbeit übernimmt – und dann viel Glück! Vergiss nicht, mir eine Kostprobe zu schicken.

Ein Lehrbrief über den Mörser

Liebste Janne,

bisher habe ich Dir immer Rezepte geschickt, deren Zubereitung bewusst einfach ist, damit Du Zutrauen und Lust zum Kochen gewinnst. Jetzt folgt etwas, um das Du mich gebeten hast, weil Du in Deiner Küche unter den Kochutensilien einen Mörser gefunden hast. Ja, ein Mörser ist keine nostalgische Dekoration, sondern ein uraltes Küchengerät, das ich liebe. Warum? Weil ich mit eigener Hand das entstehen lasse, was meine Mohrrüben, meinen Kartoffeltopf, meinen Nachtischreis immer anders, immer neu und gut schmecken lässt. Ohne großen Aufwand. Ohne chemische Experimente. Und jetzt erzähle ich Dir, wie ich mit dem Mörser umgehe: Dies ist die Basismischung für meinen

Gewürzmix

Als unterste Lage streue ich in den Mörser: 1 TL grobes Salz. Darauf ½ TL schwarze Pfefferkörner, 5 Pimentkörner und 3 Wacholderbeeren, ½ TL getrockneten Rosmarin und vielleicht noch ein grünes Würzkraut

der wohlbekannten Drillinge: Thymian, Majoran und Oregano.
Jetzt kommt die Arbeit, denn all diese würzigen Dinge müssen durch unermüdliches Stampfen und Reiben mit dem Stößel zerkleinert werden. Ja, natürlich kann man sich Zeit und Handarbeit mithilfe des Mixers ersparen. Aber ich schaue zu gerne zu, wie sich die Körner und das Grüne verändern, wie manches sofort in Pulver zerfällt und anderes sein Inneres aufplatzen lässt, das trotzdem sein Aroma behält. Manche Gewürze spielen König, andere sind Witzbolde und wollen mich zum Narren halten, andere hüpfen wie die Flöhe aus dem Mörser, mit Überraschungen muss also gerechnet werden.

Mit dieser Basismischung kannst Du zum Beispiel ein Kalbsfilet einreiben, das vorher mit Öl bepinselt worden ist. Du kannst einen Löffel voll zum Gemüse geben, kannst einer Kürbissuppe den Pepp verleihen, falls sie ohne Ingwer gekocht worden ist. Und du kannst die Körner vorher vorsichtig in der Pfanne rösten.
Schließlich kann man das alles auch anders kombinieren. Hast Du zum Beispiel Senfsamen, Kümmel oder Lorbeerblätter im Haus? Dann versuche es

damit. Du kannst auch schon Gemahlenes im letzten Moment dazurühren: Kurkuma, wenn der Mix gelb, Paprikapulver, wenn er rot werden soll. Wie man einen Gewürzmix ausprobieren kann, wirst Du Dich jetzt vielleicht fragen. Ganz einfach: Röste dünn geschnittene Weiß- oder Graubrotscheibchen im Ofen, bis sie gerade Farbe anzunehmen beginnen. Abkühlen lassen. Hauchdünn mit Butter bestreichen und mit Deinem feurigen Gewürz aus dem Mörser bestreuen. Schmeckt's?

Ein kurzer Brief zum Pflaumenkompott à la Goethe

Nachdem ich Janne die Mörser-Geschichte erzählt hatte, schrieb sie etwas kleinlaut zurück, dass ihr Mörser in Wirklichkeit ein Museumsstück sei, verrostet und angelaufen, woraufhin ich ihr postwendend zwei Mörser schickte, einen großen für Salz und Gewürze und einen etwas kleineren schneeweißen Porzellanmörser für Zucker und Gewürze, und schrieb dazu dies:

Liebe Janne,
damit Du den Porzellanmörser gleich ausprobieren kannst, hier ein Rezept:

Süßer Mix

Lass etwa 1 EL Hagelzucker oder groben Zucker in den schneeweißen Mörser rieseln und fang dann mit etwas an, das Du kennst. Mische zum Beispiel für eine Quarkspeise mit dem Hagelzucker 1–2 Gewürznelken, Kardamomkörner, 1 Prise Zimt, etwas frisch geraspelte Ingwerwurzel und 2–3 Pimentkörner.

Er passt auch vorzüglich zu meinem liebsten Kompottrezept, das ich Dir hier anhänge.

Pflaumenkompott

500–750 g Pflaumen, 1 Flasche Veltliner, Zucker nach Bedarf, 1 TL selbst gemachten süßen Mix
Die Pflaumen werden gewaschen, halbiert, entsteint. In einem großen Kochtopf werden sie mit dem Süßmix und 3–4 EL Zucker bestreut und mit Wein begossen, sodass die Früchte knapp bedeckt sind. Aufkochen lassen, den Topf zudecken und auf schwacher Hitze 10–15 Minuten simmern lassen. Prüfen, ob das Kompott vielleicht noch etwas Zucker braucht, abkühlen lassen und dann in eine schöne Glasschüssel schütten.

Goethe hat sich, wenn er in Marienbad zur Kur war, übrigens immer die Speisekarten eines Gasthauses schicken lassen und hat das angekreuzt, was er zu Mittag essen wollte. Diese Zettel sind erhalten geblieben, und so wissen wir, dass er besonders oft Rindfleisch, gekocht oder als Braten, bestellt hat und als Beilage Pflaumen- oder Apfelkompott.
In meinem nächsten Brief, liebe Janne, wird es um Hackfleisch gehen.

Vom Hackfleisch

Liebe Janne,
wie versprochen, hier der Brief über Hackfleisch. Es ist nämlich höchste Zeit, dass Du allein in Deiner Küche wirtschaftest, also diesmal kaum Rezepte, sondern nur ein paar Informationen über das »Arbeitsmaterial«, das ich für Dich ausgesucht habe.

Es ist das Chamäleon unter den Speisen. Du kannst wirklich fast alles aus und mit ihm machen. Es fordert Dich heraus. Es nimmt jede Farbe, jeden Geschmack an, den Du ihm gibst. Es äfft einen mächtigen Braten nach. Es versteckt sich in den kleinsten Kartoffeln und den dicksten Kohlköpfen. Es schmiegt sich schlank und elegant in die Pfanne, und es wälzt sich wohlig in jeder Sauce, die Du kochst – das Schabe- oder Hackfleisch, weil es früher wortwörtlich von den Knochen geschabt und mit einem scharfen Messer gehackt und gewiegt wurde. Es gehört zur Resteverwertung. Reste vom Braten, der einstmals immer ein großes Huhn oder ein ganzer Rücken am Spieß war. Es gab

noch keinen Backofen, nur das offene Feuer und eben diesen Spieß.
Heute sorgt unser bundesrepublikanisches Lebensmittelgesetz für ordentliche Kategorien, die, wie ich annehme, so ähnlich in Großbritannien gelten. Es gibt also:

Hackfleisch (Gehacktes, Gewiegtes, Faschiertes): Das ist rohes, von groben Sehnen befreites Fleisch in zerkleinertem Zustand ohne jeden Zusatz, aber meistens gemischt. Das heißt, es besteht halb aus Rindfleisch, halb aus Schweinefleisch oder je einem Drittel Rind-, Kalb- und Schweinefleisch.
Schabefleisch (Tatar, Beefsteakhack): Das ist schieres rohes Rindfleisch in fein zerkleinertem Zustand, ebenfalls ohne jeden Zusatz und vor allem ohne Fett und Sehnen.
Zubereitetes Hackfleisch (Hackepeter, Mett und ähnliche Zubereitungen): Das ist Hackfleisch, das bereits vom Schlachter mit Salz, Zwiebeln oder Gewürzen versehen worden ist.

Nun, liebe Janne, folgen ein paar Rezepte und Anleitungen, zum Beispiel für *Hacksteaks.* Sie werden in der Pfanne gebraten. Darum heißen sie *Pfann-*

zerl. An irgendeinem verflixten Tag muss eine Kochhexe durch Küchen und Kochbücher gerast sein. Überall hat sie ein »l« in die Hackpfannzerln gesteckt, und seitdem heißen sie *Pflanzerl.* Hacksteaks sind aber keine Pflanzen, sag also bitte immer *Pfannzerl.*

Hacksteak

Aus dem Hackfleisch bereitet man meist einen Fleischteig mit den folgenden Basiszutaten: 500 g Hack, 1 altbackenes, also trockenes Brötchen, 2 Eier, 1 Zwiebel und Gewürze.

Das Brötchen oder etwa 1 Tasse grobe Semmelbrösel werden in Milch oder Fleischbrühe eingeweicht und wie ein Schwamm wieder ausgedrückt, weil sie aus dem Hack einen schönen lockeren, glatten Teig machen sollen. Die Eier binden das Ganze, und die Zwiebel erfüllt ihre Aufgabe, herzhaft zu würzen, am besten, wenn man sie gewürfelt und in Fett blond gebraten hat.

Die Gewürze können lediglich Salz und Pfeffer sein. Ich glaube aber, Du liest Dir noch einmal meine Liebeserklärung an den Mörser durch.

Aus diesen Zutaten knetest Du mit der Hand einen Teig. Daraus kannst Du esslöffelgroße Fleischklößchen

drehen und braten oder in einer schönen Pastetenform, mit hauchdünnen Speckscheiben ausgefüttert und zugedeckt, einen Hackbraten herstellen.

Zwischen dieser kleinsten und der größten Form gilt der Hackteig als Fülle, Belag, als *Frikadelle*, *Hamburger* oder *Königsberger Klops* und so weiter. Das alles ist die Pflicht.
Du hast aber jederzeit die Freiheit der Kür. Du kannst den Teig mit gekochtem Reis, durchpassierten Kartoffeln, Reibkäse, Tomatenmark, durchpassiertem Gemüse und so weiter bereichern. Du kannst ihn mit hart gekochten Eiern im Bauch als *Falschen Hasen* auf den Tisch stellen. Du kannst ihn in *Pfannküchlein* und *Teigtaschen* verstecken und als *Klops* in der Pfanne mit einem Glas Rotwein schmoren lassen. Du kannst ihn in Kraut- oder Weinblätter wickeln und diese Päckchen in Fleischbrühe dicht nebeneinander ein Stündchen schmoren lassen.

Du kannst das Ganze auch mit Fisch zubereiten. Ich weiß, meine liebste Freundin, dass du Fisch nicht gerne isst. Aber vielleicht hat Dir das *Kedgeree* gezeigt, dass man den Fisch nur richtig behandeln muss. Deshalb schicke ich Dir noch ein Rezept für alle Fälle – Du hörst schon am Namen, dass es aus Wien stammt, und es existiert sicher, seit die Männer Fische gefangen und die Frauen die Pfanne über dem Feuer heiß gemacht haben. Für die

Fischlaiberl

brauchst Du: 500 g Kabeljau, 1 altbackenes Brötchen oder 150 g Weißbrot, Milch, 100 g Butter, Salz und Pfeffer, 1 Prise Zucker, Curry nach Geschmack, 1 Strauß Petersilie, Schnittlauch oder Borretsch oder Dill, 2 Eier, 1 Zitrone, Sahne, Semmelbrösel. Nach Belieben 125–150 g Krabbenfleisch

Und so bereitest Du es zu: Das gekochte Fischfleisch fein wiegen und möglichst nicht im Mixer zerkleinern, weil man noch merken soll, dass es sich um Fischfleisch handelt. Brötchen oder Weißbrot in heißer Milch einweichen und gut ausdrücken, Semmelbrei und Fischfleisch mischen, die zerlassene Butter daraufgießen, würzen und mit reichlich fein gewiegten Kräutern, Eiern, Zitronensaft und so viel Sahne vermengen, dass der Teig schön glatt und geschmeidig wird. Zum Schluss könnte noch grob gewiegtes Krabbenfleisch hinzukommen.

Aus diesem Teig könntest Du nun mit nassen Händen kleine Fischlaibchen formen, in Semmelbröseln wälzen und auf beiden Seiten langsam und friedlich in Butter ausbraten. Du kannst die Fischlaiberl auch nebeneinander in eine gut ausgefettete flache Gratinform setzen, mit Öl beträufeln oder mit Butterflöckchen besetzen, in den auf 180–200° vorgeheizten Ofen schieben und etwa 15 Minuten braten lassen.

Die Laiberl passen ausgezeichnet zu Gurkensalat, oder Du kannst eine selbst gemachte Remoulade dazu reichen, auf jeden Fall immer etwas Schlichtes, das Dir keine Arbeit macht und den Laiberln nicht die Schau stiehlt. Denn sie sind wirklich etwas Besonderes.

Von Beeren, Birnen und anderen süßen Köstlichkeiten

Liebe Janne,
ich habe lange nichts mehr von Dir gehört. Aber vielleicht bist Du irgendwo in den Highlands, von wo aus die Post ziemlich zögerlich das Festland erreicht. Ich habe neulich zwischen zwei Artikeln meinen Küchenschrank aufgeräumt. Ich hatte ganz vergessen, dass ich noch eine von den blauen Glassatten besitze, die im Sommer immer ihren großen Auftritt hatten. Du kannst Dich sicher daran erinnern, denn manchmal bist Du auch zum Essen zu uns gekommen, meistens im Frühsommer, wenn bei Euch im Garten die Erdbeeren reif wurden und alle in Erdbeeren schwelgten. Nur Du nicht, weil sie Dich krank machten.
So liefen wir am Abend zu meiner Großmutter. Es gab *Dickmilch* aus Vollmilch, die damals noch echte Milch war, kein Molkereiprodukt. Deshalb konnte sie unbehelligt die Sommerwärme genießen, unter der sie sich langsam und gemächlich verwandelte und zu Dickmilch wurde. Meine Großmutter holte die blauen Glasschalen aus dem

Geschirrschrank, in deren Boden »½ Lit.« eingeprägt ist. Jede Schüssel wurde gut halb voll gefüllt, auf das breite Fensterbrett gestellt und gegen Mücken und Brummer zugedeckt.
Abends war die Milch »dick« geworden und hatte ihr sahniges goldenes Fett nach oben steigen lassen. Wenn wir ankamen, füllte meine Großmutter gerade den Zimtzucker in die Glasschale mit dem Silberrand, und der Großvater legte die Schwarzbrotscheiben in den Korb, die er morgens schon geschnitten hatte, damit sie schön trocken werden konnten.
Beides und die Dickmilch-Satten wurden auf den Balkon getragen, und wir setzten uns an den Tisch, bröselten das Brot auf die Dickmilch und bestreuten es mit einem Löffel Zucker. Es gab zwei Schulen des Genusses: Der Großvater stach mit seinem Löffel senkrecht in die Dickmilch und hatte alle drei Schichten – Dickmilch, Zucker und Schwarzbrot – wie ein Archäologe auf dem Löffel. Wir aber rührten alles durcheinander. Ach, wie schmeckte das gut! Du hast mal gesagt, dass diese Dickmilch am Abend zu Deinen liebsten Erinnerungen gehöre.

Meine liebste Erinnerung ist eine andere. Du weißt, dass ich bis zur Schulzeit bei meiner Großtante in Nassau aufgewachsen bin. Damals war mein Lieblingsnachtisch *Vanillepudding mit Himbeersaft.* In den Schulferien fuhr ich dann ja jedes Jahr zu ihr, und jedes Mal stand zur Begrüßung golden glänzend und rubinrot leuchtend Vanillepudding mit Himbeersauce auf dem Esstisch.
Ich mochte längst keinen Vanillepudding mehr, aber ich brachte es nicht übers Herz, meiner Großtante das zu sagen, denn ich wusste, dass sie zu Frau Peppler gegangen war und sich die extragute Milch in die Milchkanne hatte füllen lassen, und dass der Saft aus selbst gepflückten Himbeeren gekocht worden war. Dieser Vanillepudding damals bedeutete für mich viel mehr als Milch und Himbeeren, viel mehr als ein sommerlicher Nachtisch. Er hat mich gelehrt, was Liebe sein kann, was Liebe ist. Du sollst wenigstens wissen, wie ein Vanillepudding gekocht wird.

Vanillepudding

Verrühre 75 g Stärkemehl mit etwas Milch. Den Rest von 1 l mit 80 g Zucker und 2 EL Vanillezucker aufkochen, mit dem Stärkemehlgemisch verquirlen und

einmal aufquellen lassen, nicht länger als 2 Minuten. Von der Kochstelle nehmen, mit 2 Eigelb schlagen, bis die Creme fester wird, das steif geschlagene Eiweiß unterheben. In eine Schüssel füllen und im Kühlen erkalten lassen.

Das ist eine Methode, die Zeit und anfangs Mut erfordert, aber die Mühe lohnt sich. Dennoch: Falls Dich schon vorher der Mut verlassen sollte, nimm Puddingpulver aus der Tüte.

Wenn ich es recht bedenke: Es gab damals für uns Kinder wie für die Erwachsenen vor allem das als Nachtisch, was bei uns und bei Euch im Garten wuchs. Wenn bei Euch die Sauerkirschen reif waren, bekamen die Nachbarn einen Korb voll, und der Korb kehrte voll mit dem zurück, was bei uns geschüttelt oder gepflückt wurde.
Ihr hattet Stachelbeersträucher im Garten. Kannst Du Dich daran erinnern? Du hast einmal ein Körbchen voller Beeren gepflückt, und Eure Köchin hat uns beiden eine *Stachelbeercreme* daraus gekocht. Solch ein Rezept ist selten, und daher schreibe ich es Dir hier auf:

Stachelbeercreme

Die Stachelbeeren werden in wenig Wasser – gern mit 1 Kringel Zitronenschale – gedünstet, dann streichst Du sie durch ein Sieb. Zum Fruchtmus kommen jetzt Zucker und Vanillezucker nach Geschmack und mit Zucker weiß cremig gerührtes Eigelb. Man rechnet ungefähr pro 500 g Beeren 1–2 Eier und pro Eiweiß 50 g Zucker. Wenn Du willst, kannst Du die Creme mit etwas Rum parfümieren. Das hat Eure Köchin damals sicher nicht getan. Die Stachelbeercreme kommt dann in den Kühlschrank und wird erst nach dem Hauptgang herausgenommen. Gut schmecken ein paar Makronen oder kleine Mürbteigkekse dazu.

Es gibt natürlich noch die Sonntagsform dazu, die

Stachelbeercreme mit Sahne

Wieder wird aus den Beeren ein Mus hergestellt und gut gezuckert. Dieses Mus muss jedoch vollkommen auskühlen, ehe man es weiterverarbeiten kann: Es wird mit steif geschlagener süßer Sahne gemischt und wieder kalt gestellt, und auch dieses Mal wieder erst nach dem Hauptgang aus dem Kühlschrank nehmen. Du könntest auch nur die eine Hälfte der Beeren durch das Sieb streichen und lässt die andere mit den Beeren in Rum auskühlen. Das Stachelbeermus wird dann mit Schlagsahne gemischt und abwechselnd mit den alkoholisierten Beeren in Portionsschalen gefüllt. Diese üppigen Ausflüge gab es damals natürlich nicht.

Was ich in den Kinderjahren so geliebt habe, ist die *Semmelhaube*, für die Fallobst geputzt, geschält und gewürfelt wird, manchmal gemischt mit den letzten Mirabellen oder Aprikosen oder Birnen. Das alles wird so in eine gut gebutterte Auflaufschüssel gefüllt, dass der Boden bedeckt ist.

Semmelhaube

Zutaten: 150 g Butter, 100 g Zucker, brauner Zucker oder Puderzucker, 150 g gemahlene Mandeln oder Haselnüsse, Sonnenblumenkerne oder Paranüsse, 50–100 g grobe Semmelbrösel, 2 Eier, 1 Glas Maraschino oder brauner Rum

Die Semmelbrösel in der Pfanne in etwas Butter anrösten und erkalten lassen. Butter und Zucker mit 2 Eigelb schaumig rühren, das Eiweiß zu Schnee schlagen. Die Buttercreme mit Mandeln oder Nüssen verrühren, die Semmelbrösel und den Eischnee unterheben. Nach Belieben mit abgeriebener Zitronen- oder Orangenschale, mit Zimt oder Vanille würzen.

Das Ganze auf die Früchte in der Auflaufschüssel streichen, den Auflauf in den auf 200° vorgeheizten Ofen schieben und 50–60 Minuten backen. Dazu kannst Du eine schöne dicke Vanillesauce geben, aber flüssige, eiskalte Sahne ist auch nicht schlecht.

Bei meiner Patentante Mita, die Du nicht mehr kennengelernt hast, stand ein Birnbaum im Garten. Er war alt, schmal, sehr hoch, und in einem Jahr waren alle Früchte auf einmal reif und lagen auf dem Rasen. Sie hat eine Torte daraus gebacken, die sie uns bei ihrem Besuch mitgebracht hat. Sie schmeckte himmlisch. Wie gern hätte ich Dir ein Stück gebracht, doch Du warst nicht mehr da. Daher schenke ich Dir hier wenigstens das Rezept:

Birnencremetorte

Back einen Mürbteigboden aus 250 g Mehl, 150 g Butter, 2 Eigelb, 1 Prise Salz und 2 EL Zucker. 10 Minuten backen, abkühlen lassen. Unterdessen eine Creme zubereiten aus 100 g weich gerührter Butter, die mit 100 g Zucker und 100 g gemahlenen Mandeln gemischt, mit Vanillezucker gewürzt und auf kleiner Flamme einmal aufgekocht und dann mit 2 Eigelb verrührt wird. Diese Creme auf den Mürbteigboden

streichen. Darauf legst Du sternförmig halbierte, gekochte Birnen, backst die Torte bei Mittelhitze 30 Minuten und überziehst sie noch heiß dick mit Aprikosenmarmelade. Das macht etwas Mühe, aber es ist köstlich und natürlich auch mit Pfirsichen, Marillen oder Himbeeren eine Götterspeise.

Sag mal, liebe Janne, haben wir eigentlich damals so oft Pfannkuchen gebacken bekommen, wie ich es in Erinnerung habe? Jedenfalls: Du weißt, schon damals liebte ich *Pfannkuchen*, am besten frisch aus der Pfanne, die in Österreich *Palatschinken* heißen. Wieso? Inzwischen kenne ich die dazugehörige Geschichte, die ich in meiner Studentenzeit in Wien erfahren habe. Die österreichischen Bauers- und Stadtfrauen haben jahrhundertelang Pfannkuchen (wie auch in den deutschen Landen) gebacken, bevor mit dem Königreich Ungarn auch seine Küche zur K.-u.-k.-Monarchie gehörte. Es stellte sich heraus, dass auch die ungarischen Bauers- und Stadtfrauen Pfannkuchen gebacken haben. Haben diese nun den Wienern besser geschmeckt als die eigenen? Oder waren sie einfach nur höflich und ließen dem ungarischen Namen den Vortritt? Gefiel ihnen *palacsinta* besser als

Pfannkuchen? Jedenfalls ist die ungarische *Palatschinke* fast zu einem österreichischen Nationalgericht geworden. Hier ein üppiges Rezept:

Gefüllte Palatschinken

Aus 200 g Mehl, 2 Eiern, ½ l Milch, 1 Prise Salz quirlst Du einen Teig, der mindestens ¼ Stunde rasten muss. Dann brauchst Du noch etwas Butterschmalz, denn aus dem Teig musst Du im heißen Fett sehr dünne Palatschinken (Pfannkuchen) auf beiden Seiten auf nicht zu starker Hitze ausbacken. Aus der angegebenen Menge bekommt man je nach Pfannengröße 15–20 Palatschinken. Mit 1 oder 2 EL Fülle belegen, aufrollen und möglichst sofort servieren.

Als Fülle kannst Du vom fein gewiegten Schinken bis zum süßen Quark alles nehmen. Meine liebste Fülle geht so: 100 g gemahlene Haselnüsse mit 100 g fein gehackten Pistazien, Pinienkernen und Paranüssen vermengen, in ¹/₈ kochende Sahne geben, den Topf vom Herd nehmen, den Nussbrei gut verrühren und zugedeckt abkühlen lassen. Dann mit 1 EL Honig und 1 EL Rum oder frisch gepresstem Orangensaft verrühren und löffelweise als Fülle verwenden.

Ich esse die Pfannküchlein am liebsten ohne Fülle und Belag. Zweimal zusammenklappen, sodass eine Art Dreieck entsteht, und aus der Hand essen. Wenn ich Milch genommen habe, werden die Küchlein weich und lind. Wenn ich stattdessen Wasser nehme, werden sie steif und knusprig.
Ach, wie gern würde ich für Dich Pfannkuchen backen.
Deine Bille

Paris bei Nacht oder Sandkekse und Aspik

Liebste Janne,
wie Du weißt, lebt der ältere Bruder meines Mannes in Paris. Wie jedes Jahr im Sommer haben wir ihn und seine Frau letzte Woche für ein paar Tage besucht, und von dieser Reise muss ich Dir berichten und von einem Geschenk erzählen, das ich Dir jetzt weiterschenke: von dem Vergnügen, Neues zu erleben und Unbekanntes zu essen. Mein Schwager ist der geborene Fremdenführer und denkt sich jedes Mal, wenn wir dort sind, neue Wege aus zu Orten, die er für sehenswert hält, und vor allem sucht er immer für mich besondere kulinarische Orte aus.

Dieses Mal führte er uns in ein kleines Restaurant, in dem es nichts Besonderes zu essen gab, aber der Wein schmeckte gut. Es war ein milder Sommerabend, der in die Nacht überging, Fenster und Türen standen offen, und wir saßen friedlich beisammen, ein wenig träge nach dem Essen, und verfolgten, wie der Wirt eine große, klapprige Metallscheibe mit unregelmäßig gestanzten Löchern unter der Kasse hervorzog und zu einem Holzkasten ging, der an der Wand hing. Er klappte den Kasten auf, klinkte die Scheibe ein und hat vermutlich einen Hebel umgelegt, denn die Scheibe begann sich unter heiserem Gekrächze zu bewegen, zu drehen. Und schon ertönten die ersten Klänge eines Walzers, langsam, ein wenig eingerostet, aber die Scheibe nahm Schwung auf, der Walzer auch, und die ganze Gaststube war so voller Töne, dass sie aus den Fenstern und Türen nach draußen quollen. Ringsherum öffneten sich die Fenster, Leute, manche schon im Nachthemd, lehnten sich heraus, nickten und lachten und klopften das Eins, Zwei, Drei, Eins, Zwei, Drei des Walzers auf den Fensterbrettern mit. Du kennst mich ja: Ich hätte am liebsten auf der Straße getanzt.

Der Wirt besaß noch mehr solcher Scheiben, ließ sie immer weiter spielen und kochte einen kräftigen Mokka, während seine Frau einen Teller mit dünnen, zuckrigen Keksen auf den Tisch stellte. Wir haben die halbe sanfte, samtene Nacht gegessen und getrunken und gesungen und der heiseren Musik gelauscht.

Wenn Du diese Sandkekse nachbacken möchtest, was ich nämlich inzwischen getan habe, dann musst Du wegen der Butter mit kühlen Händen arbeiten.

Sandkekse

Zuerst verrührst Du 150 g Butter mit 1 Ei und 100 g Zucker oder Puderzucker, mischst 165 g Mehl mit 80 g fein gemahlenen und geschälten Mandeln, gibst sie mit etwas abgeriebener Zitronenschale und 1 Prise Zimt zu der Creme, verknetest beides rasch, wickelst es in Backpapier und legst es mindestens 1 Stunde in den Kühlschrank. In Partien ausrollen, in beliebige Formen schneiden und bei 180° etwa 10 Minuten backen. Abkühlen lassen und vorsichtig vom Blech oder vom Backpapier nehmen.

Die Kekse sind köstlich, aber sehr zerbrechlich. Vielleicht gelingen sie auch Dir?

Am letzten Abend sind wir zusammen in ein kleines Lokal gegangen, das an der Seite von Les Halles liegt. Les Halles, der gigantische Markt, befindet sich ja mitten in der Stadt auf der *Rive Droite* der Seine. In der Nacht wird er mit Obst und Gemüse, mit Fisch und Fleisch beliefert, und in den kleinen Gaststätten rundum bekommen die Marktleute morgens ein Frühstück oder ein Mittagessen, meist aus dem, was nicht verkauft wurde, aber so frisch wie sonst nirgendwo ist.

In eines dieser Lokale führte uns der Schwager, und auf einer Anrichte mitten im Gastraum lag auf großen Porzellanplatten ein großes Stück Fleisch, noch warm aus dem Ofen, ein Berg aus Gemüsen, ein Korb mit *flûtes*, den dünnen Teigstangen. Liebe Janne, es wird für mich immer das unvergesslichste, köstlichste kühle Sommeressen bleiben. Ich weiß nicht einmal, ob das Gericht einen Namen hat. Es lag lässig dort, auf dem kühlen Porzellan: Erbsen, so zart und klein, wie man sie nur im Frühsommer erntet, Rindfleisch, gekocht, in Scheiben geschnitten, daneben lagen Schalotten, so weiß glänzend, dass man ihnen ihre Zartheit ansah. Das Ganze in einem Jus, einem *Aspik* oder *Gelée*, das so locker und liebevoll alles umhüllte, dass es fraglos aus einer köstlichen Fleischbrühe entstanden war.

Eigentlich kann man so etwas nicht nachkochen. Es war der Augenblick dieser Nacht, die sterbenden Gerüche des Marktes, der Himmel, klar und blau und kalt, die Frische des Wassers, mit dem in den leeren Hallen alles sauber gespritzt wurde.

Das kulinarische Geheimnis war das *Aspik*. Du müsstest es üben, liebe Janne, wenn Du magst.

Aspik

Du musst wissen, wie viel vorschriftsmäßig aufgelöste Gelatineblätter Du brauchst, um die Fleischbrühe gerade eben gelieren, aber weder zerfließen noch glasig starr werden zu lassen. Dein Schlachter sollte Dir ein Stück gekochtes Rindfleisch, etwa 500 g, verkaufen. Du brauchst nur so viel Scheiben abzuschneiden, wie die Erbsen als Gesellen verlangen.
Und so wird es gemacht: Die gekochten kleinen Erbsen und ein paar dünne Fleischscheiben in eine Schüssel füllen, schütte eine Handvoll ebenfalls gekochter Schalotten darauf, dann die fein gewiegte Petersilie. Rühr die aufgelöste Gelatine in die Fleischbrühe und gieße sie auf Erbsen und Fleisch, bis alles gut bedeckt ist. Dann stellst Du die Schüssel mindestens 2 Stunden ins Kühle und anschließend mit einer Flasche Wein auf den Tisch.

Guten Appetit wünsche ich Dir und dazu ein oder zwei Gäste.
Deine Bille

Epilog mit Schwedischem Apfelkuchen

Ob Janne die Sandkekse oder sogar das Aspik wirklich gekocht oder es wenigstens ausprobiert hat, weiß ich nicht. Wir haben oft telefoniert, einander auch wiedergesehen. Das Leben ging weiter. Les Halles wurden abgerissen und aus der Stadt verlegt. Janne kehrte nach Göttingen zurück, ich blieb in Hamburg.

Manchmal besuchte ich sie und ihre Mutter, die nach dem Tod ihres Mannes die Bindungen an Raum und Zeit verloren hatte und für die Janne nun sorgte. Janne war fassungslos und kämpfte um sie. »Mutter hat doch einen so klugen Geist«, schrieb sie mir verzweifelt, »den kann sie doch nicht verlieren.« Sie entwarf für die Mutter immer neue Trainingsprogramme, unter deren Nutzlosigkeit vor allem sie litt.

Jannes Mutter begrüßte mich jedes Mal voll Freude: »Wie schön, dass du uns wieder einmal besuchst, kleine Bille. Ihr wollt sicher gleich im Garten spielen.«

Ich war wieder neun Jahre alt, und sie lachte und

fragte, wie es Öhmchen ginge, wie sie meine Großmutter nannte. Sie war vor Jahren gestorben, aber ich sagte: »Vielen Dank! Es geht ihr gut und sie lässt grüßen.«
»Aber das stimmt doch gar nicht!«, fauchte Janne.
»Das spielt doch keine Rolle mehr, sieh sie so, wie sie ist.«

Als ich die beiden nach längerer Zeit wieder einmal besuchte, brachte ich Arnold Lobels *Buch von Frosch und Kröte* mit, und Jannes Mutter verliebte sich sofort in Kröte und wollte das Buch gar nicht wieder aus der Hand geben. Nachdem wir ihr die Geschichte mit dem Geburtstagskuchen für Frosch vorgelesen hatten, fragte sie besorgt: »Ob Frosch der Kröte wohl etwas vom Geburtstagskuchen abgibt?«
»Aber sicher!«, sagten wir wie aus einem Munde, und dann schaute sie uns, die groß gewordenen Kinder, nachdenklich an und fragte: »Wollen wir nicht auch einen Kuchen für Kröte backen?«
»Ja, natürlich!«, sagte ich und zog Janne mit in die Küche.
Und so backten wir zusammen einen Kuchen, dessen Rezept ich von Astrid Lindgren geschenkt

bekommen habe. Ich hatte Janne von meiner Reise nach Schweden erzählt und dass ich ein Buch über sie schrieb.

Schwedischer Apfelkuchen

Zutaten: 350 g Semmelbrösel, 100 g Butter, 100 g Zucker, 1 Prise Salz, 1 Prise Zimt, etwa 500 g Apfelpüree, Fett für die Form

In einer großen Pfanne werden Brösel, Butter und Zucker unter ständigem Rühren blond gebraten, gewürzt und sofort vom Herd genommen, weil der Pfannenboden nachheizt, sodass die Mischung zu dunkel werden könnte. Die Hälfte der Zuckerbrösel in die gut gefettete Kuchenform füllen, glatt streichen, mit einer Lage Apfelpüree bedecken und auf dieser Schicht die restlichen Butterbrösel verteilen. In den auf 180–200° vorgeheizten Ofen schieben und etwa 20 Minuten backen. Dazu schmeckt Vanillesauce am besten.

Das Rezept von Astrid Lindgren war das letzte Rezept, das ich, bevor ich abreiste, meiner liebsten Freundin aufgeschrieben habe. Wenig später war Janne allein.

Zur Autorin

Sybil Gräfin Schönfeldt wuchs in Nassau a. d. L., Göttingen und Berlin auf, studierte Germanistik und Kunstgeschichte und promovierte in Wien. Sie lebt seit den 1950er Jahren in Hamburg und hat zwei Söhne. Ihr Mann ist vor zehn Jahren gestorben.

Sie arbeitete als Redakteurin und freie Journalistin u. a. über das Thema Essen & Trinken und schrieb für DIE ZEIT, das ZEIT-Magazin, für *stern* u. a. Rezensionen, Reportagen und Kolumnen, auch über Tischsitten und Tischkultur. Sie ist Mitbegründerin des Food Editors Club (FEC). Seit den 1960er Jahren veröffentlichte sie zahlreiche Kochbücher. Zwischen 1995 und 2010 erschienen im Arche Literatur Verlag literarische Kochbücher zu *Theodor Fontane*, *Johann Wolfgang von Goethe* und *Thomas Mann* sowie zu *Astrid Lindgren*. Seit 2005 gibt sie einen *Literarischen Küchenkalender* heraus (jetzt bei edition momente). Sie erhielt mehrere Gold- und Silbermedaillen der Gastronomischen Akademie Deutschlands sowie deren *Goldene Feder* und gilt heute als die *grande dame* der Kochkultur.

Ebenso große Verdienste erwarb sie sich um die Kinderliteratur als Autorin, Rezensentin und Übersetzerin, u. a. von Rudyard Kipling, *Das Dschungelbuch*, und Lewis Carroll, *Alice im Wunderland* (Hans-Christian-Andersen-Übersetzerpreis 1982). Sie verfasste eine Biografie (Neuausgabe Rowohlt 2007) sowie Erinnerungen an sie (ebersbach & simon 2017).

Darüber hinaus veröffentlichte sie Bücher über das Alter und ihre Familiengeschichte (*Hoffen auf das Bessere*, Stuttgart 2015).
Sybil Gräfin Schönfeldt erhielt zahlreiche Auszeichnungen. Sie war von 1972–82 Vorsitzende des Arbeitskreises für Jugendliteratur und wurde 1997 vom Börsenverein des Deutschen Buchhandels als »Förderer des deutschen Buches« geehrt. Viele Jahre stellte sie im Herbst in Buchhandlungen und Büchereien die jeweiligen Neuheiten vor. 2015 wurde ihr das Bundesverdienstkreuz am Bande verliehen.

»Ich möchte leben, möglichst viel daraus machen.«

*Cover- und Preisänderungen vorbehalten

Michaela May

Hinter dem Lächeln

Autobiografie

Piper, 256 Seiten
€ 22,00 [D], € 22,70 [A]*
ISBN 978-3-492-07119-2

Michaela May steht für vieles: das Urmünchnerische, Bodenständigkeit, unbändige Reiselust und schauspielerisches Können. Doch hinter ihrem strahlenden Lächeln verbirgt sich viel Ungesagtes. In ihrer Autobiografie beschreibt May ihre Familie – die lustige Oma Fanny, die Eltern, die ihr die Liebe zur Bühne in die Wiege legten, und die Geschwister, die unterschiedlicher nicht sein können. Sie erzählt von ihren ersten Rollen in Film und Fernsehen, von der Liebe zur Natur und dem Durst nach Freiheit.

Leseproben, E-Books und mehr unter www.piper.de